I0166600

La China antigua

Un apasionante recorrido por la historia de China, desde la colonización del río Amarillo, pasando por las dinastías Xia, Shang, Zhou y Qin, hasta la dinastía Han

© Copyright 2024

Todos los derechos reservados. Ninguna parte de este libro puede ser reproducida de ninguna forma sin el permiso escrito del autor. Los revisores pueden citar breves pasajes en las reseñas.

Descargo de responsabilidad: Ninguna parte de esta publicación puede ser reproducida o transmitida de ninguna forma o por ningún medio, mecánico o electrónico, incluyendo fotocopias o grabaciones, o por ningún sistema de almacenamiento y recuperación de información, o transmitida por correo electrónico sin permiso escrito del editor.

Si bien se ha hecho todo lo posible por verificar la información proporcionada en esta publicación, ni el autor ni el editor asumen responsabilidad alguna por los errores, omisiones o interpretaciones contrarias al tema aquí tratado.

Este libro es solo para fines de entretenimiento. Las opiniones expresadas son únicamente las del autor y no deben tomarse como instrucciones u órdenes de expertos. El lector es responsable de sus propias acciones.

La adhesión a todas las leyes y regulaciones aplicables, incluyendo las leyes internacionales, federales, estatales y locales que rigen la concesión de licencias profesionales, las prácticas comerciales, la publicidad y todos los demás aspectos de la realización de negocios en los EE. UU., Canadá, Reino Unido o cualquier otra jurisdicción es responsabilidad exclusiva del comprador o del lector.

Ni el autor ni el editor asumen responsabilidad alguna en nombre del comprador o lector de estos materiales. Cualquier desaire percibido de cualquier individuo u organización es puramente involuntario.

Índice

INTRODUCCIÓN...1

PRIMERA PARTE: LOS PRIMEROS ASENTAMIENTOS DEL RÍO
AMARILLO Y LA DINASTÍA XIA...4

    CAPÍTULO 1: CHINA PALEOLÍTICA, PRIMEROS
    ASENTAMIENTOS DEL RÍO AMARILLO Y DEL RÍO YANGTSÉ...........5

    CAPÍTULO 2: LA DINASTÍA XIA: ¿MITO O HISTORIA?.......................20

    CAPÍTULO 3: YU EL GRANDE...25

SEGUNDA PARTE: LA DINASTÍA SHANG (C. 1600-1050 A. E. C.).............28

    CAPÍTULO 4: LA BATALLA DE MINGTIAO....................................29

    CAPÍTULO 5: DESARROLLO CULTURAL Y MILITAR.........................33

    CAPÍTULO 6: POLÍTICA Y RELIGIÓN..38

    CAPÍTULO 7: LA CAÍDA DE LA DINASTÍA SHANG............................45

TERCERA PARTE: LA DINASTIA ZHOU (C. 1050-221 A. E. C.).................48

    CAPÍTULO 8: DINASTÍAS ZHOU OCCIDENTAL Y ORIENTAL...............49

    CAPÍTULO 9: DESARROLLO CULTURAL.....................................55

    CAPÍTULO 10: CAÍDA DE LA DINASTÍA ZHOU...............................64

CUARTA PARTE: LA DINASTÍA QIN (221-206 A. E. C.).......................66

    CAPÍTULO 11: AUGE DE LA DINASTÍA QIN Y QIN SHI HUANGDI....67

    CAPÍTULO 12: LA EXPANSIÓN DE CHINA Y LA CAÍDA DE LA
    DINASTÍA QIN 70

    CAPÍTULO 13: DESARROLLO CULTURAL....................................73

    CAPÍTULO 14: EL FIN DEL FEUDALISMO...................................77

    CAPÍTULO 15: LA QUEMA DE LIBROS Y LA SEPULTURA DE
    INTELECTUALES..79

QUINTA PARTE: LA DINASTÍA HAN (206 A. E. C.-220 E. C.)..................... 82

    CAPÍTULO 16: AUGE DE LA DINASTÍA HAN....................................... 83

    CAPÍTULO 17: DINASTÍAS HAN OCCIDENTAL Y ORIENTAL 94

    CAPÍTULO 18: EVOLUCIÓN CULTURAL Y MILITAR 101

    CAPÍTULO 19: LA CAÍDA DE LA DINASTÍA HAN............................... 109

CONCLUSIÓN 113

VEA MÁS LIBROS ESCRITOS POR ENTHRALLING HISTORY 119

BIBLIOGRAFÍA.. 120

Introducción

Todos hemos sido testigos del increíble desarrollo económico de China en las últimas décadas. Pero esto es solo una fracción muy pequeña de su historia. China tiene el desarrollo cultural continuo más largo de todos los países modernos. Sí, la antigua civilización egipcia es más antigua que la china, pero el antiguo Egipto cayó bajo la influencia de otras religiones, que suprimieron sus tradiciones más antiguas. China, en cambio, ha permanecido unida a sus raíces, que se remontan al Paleolítico (la Edad Antigua de Piedra) y posiblemente incluso más allá.

Es sorprendente que los chinos de hoy puedan entender incluso las inscripciones más antiguas, que datan de la época de la dinastía Shang (II milenio a. e. c.). Esto es lo que entendemos por *continuidad* de una cultura. Las inscripciones antiguas encontradas en huesos de oráculo y caparazones de tortuga de la dinastía Shang llevan caracteres chinos similares a los que se siguen utilizando hoy en día.

Avanzamos un milenio y nos encontramos en la época del famoso Confucio (siglos VI al V a. e. c.), que no se queda atrás con respecto a las grandes mentes de la antigua Grecia. De hecho, Confucio es anterior a la mayoría de los antiguos filósofos griegos, aparte de los milesianos (Tales, Anaximandro y Anaxímenes).

Saltando quinientos años hacia adelante, nos encontramos con la gran dinastía Han, famosa por haber dado origen a la Edad de Oro de China (hoy podríamos decir, con razón, la primera «Edad de Oro»). Los Han gobernaron entre los siglos III a. e. c. y III de nuestra era. A ellos se debe en gran medida la identidad Han moderna de los chinos. Durante este periodo, existía una sociedad china muy ordenada, con un gobierno centralizado, clases sociales distintas y diversas, y una administración que funcionaba adecuadamente.

Este libro, en su mayor parte, se mantendrá entre las raíces prehistóricas de la cultura china y la caída de la dinastía Han (abarcando un periodo de más de diez mil años, desde el X milenio a. e. c. hasta el I milenio e. c.). Es prácticamente imposible escribir un libro bastante breve y a la vez bueno sobre toda la historia de China, como es un reto hacerlo solo sobre la prehistoria del país. Pero a partir de la dinastía Han ocurrieron muchas cosas en China hasta la disolución definitiva del Imperio chino a principios del siglo XX bajo la dinastía Qing. E incluso después, llegó la época de los «señores de la guerra», el caos revolucionario y la victoria del Partido Comunista Chino.

La historia es fractal por naturaleza. Cuando se mira con un poco más de atención, las cosas empiezan a desenredarse en todo tipo de direcciones, y uno se asombra de su enorme complejidad. Sin embargo, existe una especie de sesgo de «recencia», es decir, los acontecimientos más recientes tienden a recordarse de forma más detallada. Por este motivo, la mayoría de la gente se centra en la historia de China en el siglo XX, en Mao Zedong y en el éxito económico final de China. Pero si se observa de la forma adecuada, incluso remontándose a tiempos prehistóricos, se empieza a comprender esta naturaleza fractal de la (pre)historia. Y esto es exactamente lo que haremos en este libro. Tomaremos acontecimientos distantes, que a primera vista parecen tan minúsculos, incluso insignificantes, y los pondremos bajo el microscopio para observar cómo un acontecimiento crece y se divide en otros muchos acontecimientos, estableciendo vínculos insondables entre ellos.

De este modo, podremos comprender la esencia de la China moderna y cómo esta gran cultura ha perdurado durante tantos siglos. Hubo muchas grandes culturas a lo largo de la historia, como la de los antiguos griegos, persas, romanos y mayas, por nombrar algunas. Pero la cultura china es la única que ha sobrevivido casi intacta. Hay algo en la cultura china que le permite seguir existiendo a pesar de que otras culturas se desmoronaron bajo el peso de las arenas del tiempo. Y para saber qué es ese algo, tenemos que mirar atrás, muy atrás. Quizá no seamos capaces de encontrar ese algo. Quizá descubramos que en realidad hay muchas cosas que hacen que la cultura china sea tan especial. Y quizá, solo quizá, aprendamos a utilizar estos conocimientos para seguir mejorando el mundo en el que vivimos. En cualquier caso,

¡será un viaje interesante! Siéntese, relájese y acompáñenos en un viaje a través del tiempo. Destino: la China paleolítica (antes del 10.000 a. e. c.).

PRIMERA PARTE: LOS PRIMEROS ASENTAMIENTOS DEL RÍO AMARILLO Y LA DINASTÍA XIA

Capítulo 1: China paleolítica, primeros asentamientos del río Amarillo y del río Yangtsé

Para comprender la formación y el significado de los primeros asentamientos del río Amarillo, tenemos que yuxtaponerlos a sus precursores, las sociedades paleolíticas de China. Es importante señalar que no sabemos exactamente hasta qué punto están emparentados los pueblos paleolíticos y neolíticos de China, ni hasta qué punto están emparentados los modernos chinos Han con los pueblos que vivieron en China hace miles de años.

En toda China se encuentran fósiles humanos y similares del Paleolítico. El sistema de cuevas de Zhoukoudian, por sí solo, conserva una gran cantidad de fósiles que datan de varios subperíodos del Paleolítico[1]. Esta era es, con mucho, la más larga en el desarrollo de los humanos. El llamado hombre de Pekín, que habitó las cuevas de Zhoukoudian, tiene al menos 700.000 años, posiblemente incluso más[2]. El sistema de cuevas alberga los restos del *Homo erectus*, una especie

---

[1] Chang, Kwang-Chih. "In Search of China's Beginnings: New Light on an Old Civilization: A Golden Age of Archaeology is piecing together a new Chinese prehistory and history that differ in fundamental ways from the traditional story". American Scientist 69, nro. 2 (1981): 148-160.

[2] Término muy impreciso utilizado para designar los restos humanos hallados en las cuevas de Zhoukoudian. Hay muchas capas de hallazgos arqueológicos en estas cuevas, y no está claro cómo se relacionan estas capas entre sí.

que quizá fue la primera en empezar a utilizar y construir herramientas de piedra sencillas. Aunque los miembros del *Homo erectus* no eran del todo como los humanos modernos, caminaban erguidos y utilizaban herramientas. En cualquier caso, habitaron Eurasia hace mucho, mucho tiempo. El hombre de Pekín ni siquiera es el más antiguo de los restos fósiles de primates de aspecto humano. El más antiguo es el hombre de Yuanmou, que data de hace al menos 1,7 millones de años[3]. El hombre de Yuanmou también era un *Homo erectus*.

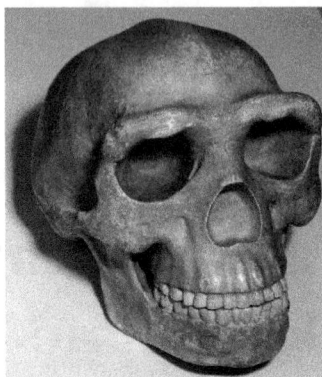

Cráneo del hombre de Pekín (reconstrucción)

kevinzim, CC BY 2.0 <https://creativecommons.org/licenses/by/2.0>, via Wikimedia Commons
https://commons.wikimedia.org/wiki/File:Skull_pekingman.jpg

Restos de un hueso de tibia humana, zona de Yuanmou

Zhangmoon618, CC BY-SA 4.0 <https://creativecommons.org/licenses/by-sa/4.0>, vía Wikimedia
Commons;
https://commons.wikimedia.org/wiki/File:%E4%BA%91%E5%8D%97%E7%9C%81%E5%8D%9A%E7%89
%A9%E9%A6%86-%E6%97%A7%E7%9F%B3%E5%99%A8%E6%97%B6%E4%BB%A3-
%E5%85%83%E8%B0%8B-
%E5%85%83%E8%B0%8B%E4%BA%BA%E8%83%AB%E9%AA%A8%E5%8C%96%E7%9F%B3.jpg

---

[3] Pu, Li, Chien Fang, Ma Hsing-Hua, Pu Ching-Yu, Hsing Li-Sheng, y Chu Shih-Chiang. "Preliminary study on the age of Yuanmou man by palaeomagnetic technique". *Scientia Sinica* 20, nro. 5 (1977): 645-664.

Los habitantes más antiguos de China, como era típico del Paleolítico en general, eran cazadores-recolectores que vivían en pequeñas comunidades. Construían y utilizaban herramientas de piedra para cazar y otros fines. Aparte de eso, no sabemos mucho de estos «protopueblos». Es posible que practicaran el canibalismo[4]. Sin embargo, formaban comunidades y probablemente cazaban en grupos organizados.

Los fósiles de hace entre 35.000 y 30.000 años evidencian un cambio gradual en las culturas paleolíticas chinas. Las técnicas de refinamiento de la piedra se hicieron más sofisticadas, y es de este periodo de donde obtenemos las primeras pruebas de artes y actividades simbólicas, que constituyen un importante «marcador» de la naturaleza humana[5]. Este movimiento gradual, que se produjo a finales del Paleolítico, está marcado por el surgimiento del *Homo sapiens*. En China se desenterraron numerosos fósiles de *Homo sapiens*, algunos de 200.000 años de antigüedad.

El Paleolítico es un gran misterio en el desarrollo de la humanidad. En el Neolítico (Edad Nueva de la Piedra) se produjeron avances culturales drásticos. Por lo tanto, las pruebas del Neolítico son mucho más abundantes, ya que la gente empezó a utilizar formas más complejas de expresarse y de dominar su entorno. El Paleolítico, en cambio, es relativamente escaso en cuanto a hallazgos arqueológicos, por lo que solo podemos hacer conjeturas vagas sobre cómo vivían los paleolíticos. Por eso hay muchas interpretaciones del Paleolítico, y muchos autores lo han utilizado de diferentes maneras para demostrar sus afirmaciones.

Por ejemplo, Sigmund Freud creía que los impulsos más poderosos de las personas, el sexo y la agresión, se manifestaban en la prehistoria de una forma mucho más directa que en la actualidad[6]. Freud llegó a afirmar que el complejo de Edipo, que según él existe de forma implícita y simbólica en todos nosotros, se manifestaba de una forma mucho más real. Como las comunidades paleolíticas se formaban en torno a un macho poderoso que «poseía» a todas las hembras y era el líder del grupo, Freud suponía que otros machos (por ejemplo, los hijos de un

---

[4] Boaz, N., y R. Ciochon. "The scavenging of "Peking Man". *Natural History* 110, nro. 2 (2001): 46-51.

[5] Gao, Xing. "Paleolithic cultures in China: uniqueness and divergence". *Current Anthropology* 54, nro. S8 (2013): S358-S370.

[6] Freud, Sigmund. *Moisés y la religión monoteísta. Leonardo Paolo Lovari,* 2016.

macho alfa) se ponían celosos y querían deshacerse del macho alfa. Así que mataban a su propio padre (real o simbólico) y se comían su carne en una especie de ritual que los unía en su sentimiento de culpa[7]. Freud llega a afirmar que este complejo de Edipo prehistórico sirvió de base para una sociedad menos violenta. Los que mataban al macho alfa se mantenían unidos por las cadenas de la culpa comunitaria, y poco a poco aprendieron a repartirse el poder entre ellos de forma más racional para evitar luchas internas. Debido a la culpa y a la fascinación por el poder de un macho alfa desaparecido hace mucho tiempo, la gente se vio obligada a fabricar una especie de tótem, al que veneraban. Así es como Freud explica un momento importante en la formación temprana de las religiones.

Se crea o no en esta historia, Freud realmente intentó comprender la psicología de los pueblos prehistóricos. Aunque puede que sobrestimara la importancia del complejo de Edipo (tanto para el desarrollo individual como para el filogenético[8]), consiguió pintar una escena prehistórica creíble. Las comunidades prehistóricas (sobre todo a principios del Paleolítico) se mantenían unidas por pura necesidad, el dominio físico de uno (o un puñado) de sus miembros y el miedo. Los impulsos que nosotros hemos relegado al inconsciente probablemente se expresaban entonces de forma más directa. El lenguaje, si es que existía en el Paleolítico, también era tosco y probablemente muy diferente de las lenguas que hablamos hoy. Probablemente variaban incluso en zonas bastante pequeñas. También se debe a la relativa tosquedad de las lenguas primitivas que la gente tuviera que encontrar otros medios más directos para expresar sus deseos.

El Paleolítico es, hasta ahora, el periodo más largo del desarrollo de la humanidad. Y, sin embargo, tenemos que contentarnos con conjeturas, hipótesis y suposiciones a la hora de explicar cómo vivía la gente en este (larguísimo) periodo. Este periodo temprano del desarrollo de la humanidad probablemente permanecerá siempre velado en el misterio del tiempo, y siempre será un periodo que necesite una peculiar combinación de tipos de pensamiento científico y artístico para ser

---

[7] Esta es otra conjetura sobre el Paleolítico, concretamente la teoría del «macho alfa». Aunque es muy probable que la destreza física fuera de suma importancia en aquella época, todavía no sabemos mucho sobre la jerarquía social del Paleolítico. En otras palabras, es posible que las primeras comunidades prehistóricas tuvieran un líder masculino fuerte, pero no sabemos realmente el alcance de su poder y control sobre sus «subordinados».

[8] Desarrollo de una especie.

explicado.

Los primeros asentamientos del Neolítico en los ríos Amarillo y Yangtsé

Ocurrieron muchas cosas (no solo en China, sino también en Europa y Oriente Próximo) que hicieron que el pueblo paleolítico adoptara gradualmente un estilo de vida diferente. Aunque no abandonaron la caza y el forrajeo, empezaron a aprender a controlar sus fuentes de vida. En concreto, empezaron a controlar sus dos principales fuentes de alimento, las plantas y los animales, lo que dio lugar al nacimiento de la agricultura y los animales domesticados. Como ocurre con la mayoría de las cosas que ocurrieron en la prehistoria, no sabemos realmente cómo se produjo este cambio. Hay muchos escenarios posibles de cómo la gente descubrió que podía domesticar animales salvajes o sembrar semillas de una planta. Una vez más, es probable que se tratara de procesos graduales y que variaran mucho en función de los distintos lugares geográficos.

En cualquier caso, hace unos diez mil años, el Neolítico estaba muy avanzado en China. Las culturas neolíticas tienen muchos rasgos característicos, entre los que destacan la cerámica, los grandes asentamientos permanentes, el cultivo organizado y el procesamiento de plantas.

Nanzhuangtou es quizás la cultura neolítica china más antigua. La cultura Nanzhuangtou estaba situada en la actual provincia septentrional china de Hebei. Esta cultura tiene unos diez mil años de antigüedad, quizá incluso más, y nos dio las primeras pruebas del consumo y cultivo del mijo[9]. Los miembros de la Nanzhuangtou también domesticaron perros (uno de los primeros animales domesticados, globalmente hablando), y fabricaron y utilizaron cerámica[10]. En general, la cultura Nanzhuangtou es muy diferente a otras evidencias de actividad humana del Paleolítico.

---

[9] Yang, Xiaoyan, Zhikun Ma, Jun Li, Jincheng Yu, Chris Stevens, y Yijie Zhuang. "Comparing subsistence strategies in different landscapes of North China 10,000 years ago". *The Holocene* 25, nro. 12 (2015): 1957-1964.

[10] Jing, Yuan. "The origins and development of animal domestication in China". *Chinese Archaeology* 8, nro. 1 (2008): 1-7.

Ubicación de la actual provincia de Hebei, donde se desarrolló la cultura Nanzhuangtou
TUBS, CC BY-SA 3.0 <https://creativecommons.org/licenses/by-sa/3.0>, vía Wikimedia Commons; https://commons.wikimedia.org/wiki/File:Hebei_in_China_(%2Ball_claims_hatched).svg

Con la cultura Peiligang (hace unos ocho mil años), la agricultura china experimentó un inmenso desarrollo. Esta cultura estaba situada en la actual provincia de Henan, en la cuenca del río Amarillo. Los miembros de la cultura Peiligang cultivaban una gran variedad de plantas, como el sorgo y el mijo menor o moha[11]. La agricultura requiere una cuidadosa planificación y gestión de los recursos. Los peiligang posiblemente se dedicaban a labrar y mejorar el suelo de forma organizada, así como a eliminar las plantas innecesarias y molestas que quitarían nutrientes y luz a los cultivos. El riego y el regadío también eran actividades básicas para los peiligang. El riego y el control de los grandes ríos, como el Nilo o el Amarillo, fueron probablemente las primeras hazañas de ingeniería a gran escala de la humanidad. Y mientras los egipcios aprendían a controlar la gran potencia del Nilo, los antiguos chinos aprendían a controlar sus inmensos ríos, como el

---

[11] Bestel, Sheahan, Yingjian Bao, Hua Zhong, Xingcan Chen, y Li Liu. "Wild plant use and multi-cropping at the early Neolithic Zhuzhai site in the middle Yellow River region, China". *The Holocene* 28, nro. 2 (2018): 195-207.

Amarillo y el Yangtsé. El pueblo Peiligang no solo se alimentaba de sus cultivos domésticos. También dependían en gran medida de diversos tipos de frutos secos, como nueces, avellanas, bellotas, azufaifos, ciruelas y otros.

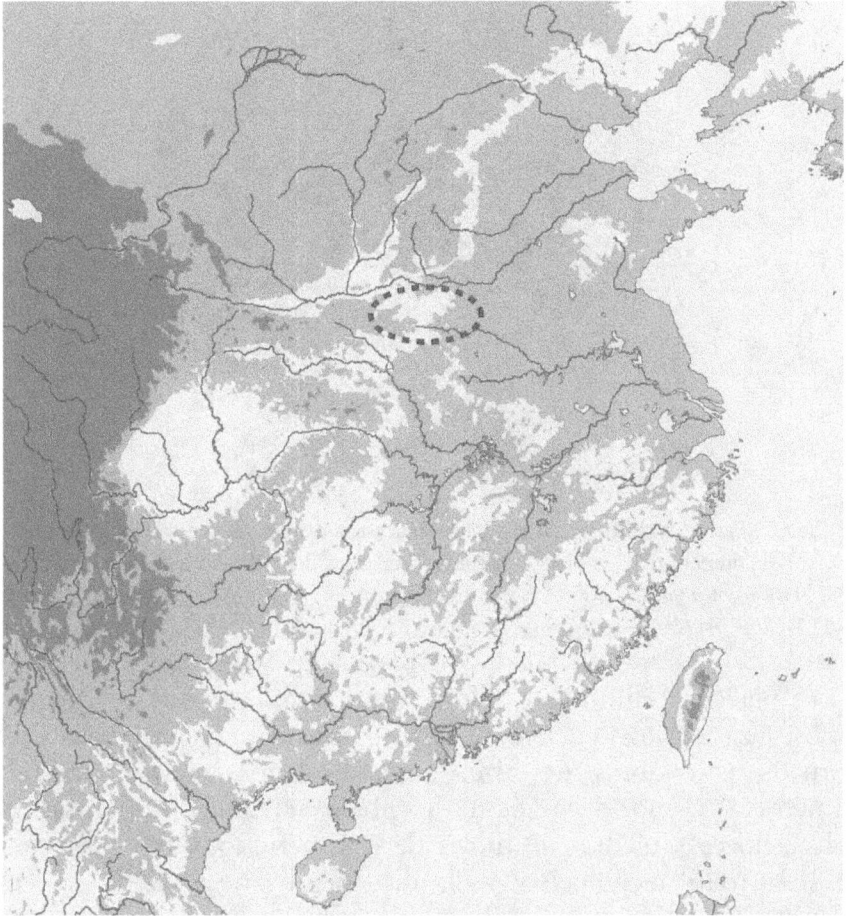

Ubicación de la cultura Peiligang en la actual provincia de Henan, en China continental
Kanguole, CC BY-SA 4.0 <https://creativecommons.org/licenses/by-sa/4.0>, vía Wikimedia Commons; https://commons.wikimedia.org/wiki/File:Peiligang_map.svg

Los peiligang eran hábiles alfareros. Para fabricar cerámica, hay que aprender a generar un fuego que pueda alcanzar temperaturas muy altas y mantener ese calor. El hecho de que la gente se volviera más hábil en el control del fuego fue otra hazaña de ingeniería crucial del Neolítico. Los neolíticos, incluidos los peiligang, fueron capaces de construir hornos capaces de producir y mantener las temperaturas necesarias para cocer la cerámica. Posiblemente se trataba de hornos subterráneos que, gracias a las propiedades aislantes del suelo, eran cruciales para crear una buena cerámica.

Cerámica Peiligang en el Museo de Shanghái. Esta pieza tiene unas características «orejas» y data de un periodo posterior de la cultura Peiligang, del VII o VI milenio a. e. c.
User:Captmondo, CC BY-SA 3.0 <http://creativecommons.org/licenses/by-sa/3.0/>, vía Wikimedia Commons; https://commons.wikimedia.org/wiki/File:PeiligangCulture-RedPotWithTwoEars-ShanghaiMuseum-May27-08.jpg

Los peiligang fabricaban todo tipo de vasijas, trípodes, jarras de dos manos, tazas, platos, cuencos y otras cosas[12]. Su cerámica rara vez está adornada con obras de arte, aunque algunas tienen ornamentos geométricos como decoración. También tenemos numerosas palas, hachas, hoces y piedras de moler de este periodo, que son testimonio del desarrollo tecnológico y la diversidad artesanal de la cultura Peiligang. Curiosamente, las herramientas de un mismo tipo parecen haber tenido más o menos el mismo tamaño, lo que significa que el intercambio de conocimientos artesanales ya estaba estandarizado hasta cierto punto en la cultura Peiligang. Es posible que algunas personas ya estuvieran especializadas en la fabricación de cerámica, mientras que otras se especializaban en la fabricación de herramientas de piedra o simplemente trabajaban como agricultores. También domesticaron perros, cerdos, ovejas, gallinas y ganado.

---

[12] Guoping, Sun. "Recent research on the Hemudu culture and the Tianluoshan site". *A companion to Chinese archaeology* (2013): 555-573.

Aunque no sabemos mucho sobre la vida social de los peiligang, es probable que vivieran en aldeas más o menos permanentes y que tuvieran un elaborado sistema de creencias religiosas. Los arqueólogos han descubierto numerosas fosas de sacrificio, con animales domésticos utilizados como sacrificios. Las gallinas se utilizaban a menudo como ofrendas sacrificiales, especialmente los gallos, lo que probablemente significa que los pollos machos tenían algún tipo de valor simbólico para los peiligang. Los sacrificios eran frecuentes y probablemente constituían una parte importante de la vida cotidiana.

El Neolítico se considera a veces un periodo idílico, en el que la gente vivía en armonía con su entorno y entre sí. Hay que recordar que aún estaban en la Edad de Piedra, y aunque existían armas en la Edad de Piedra, no eran tan eficaces como las que llegarían más tarde. La gente no era tan numerosa, y no había una necesidad apremiante de encontrar nuevos territorios, ya que había suficiente tierra para todos.

Sin embargo, es probable que en el Neolítico se produjera un aumento drástico de la población. La gente aprendió a fabricar y conservar alimentos por sí misma y no dependía tanto de la búsqueda azarosa de comida o de la caza. Además, en el Neolítico se produjo probablemente la primera acumulación significativa de riqueza. Y cuando hay riqueza, también hay gente que quiere obtenerla por todos los medios posibles. Estos dos factores resultan cruciales para explicar el periodo que viene justo después del Neolítico, la Edad de los Metales. Con cada vez más gente y cada vez más riqueza, se preparaba el terreno para una época más turbulenta y violenta. La acumulación de riqueza permitió una separación más intrincada de las clases dentro de la sociedad, con algunas personas más ricas y otras menos.

Las evidencias de culturas neolíticas en la cuenca del río Yangtsé se remontan a hace al menos diez mil años[13]. Las primeras pruebas del cultivo del arroz en el bajo Yangtsé proceden de la cultura Shangshan (diez mil años), en forma de herramientas de piedra, como raspadores y buriles (lascas de piedra con puntas afiladas). También había herramientas afiladas que se utilizaban para recolectar plantas. La ingeniosa metodología de los arqueólogos permite comprobar si una herramienta de piedra se utilizaba para recolectar plantas. En el caso de Shangshan, los arqueólogos han encontrado muchas herramientas de

---

[13] Wang, Jiajing, Jiangping Zhu, Dongrong Lei, y Leping Jiang. "New evidence for rice harvesting in the early Neolithic Lower Yangtze River, China". *Plos one* 17, nro. 12 (2022): e0278200.

piedra con bordes agudos. Las plantas dejan residuos en las herramientas de piedra (y para demostrar cómo y en qué medida, los arqueólogos modernos tienen que hacer experimentos reales) y marcas de desgaste (qué tipo de marcas es algo que también aprendemos mediante experimentos modernos).

Los shangshan fueron el primer grupo sedentario de la región del bajo Yangtsé; es decir, no eran nómadas, sino que formaban aldeas permanentes. Una de estas aldeas Shangshan tiene unos 30.000 metros cuadrados, con espacios designados para vivir, almacenar, enterrar y eliminar residuos. Pero esto no fue más que el comienzo de la agricultura, y habrá que esperar unos cuantos miles de años más para ver una agricultura y civilización «en toda regla» en la cuenca del río Yangtsé.

La cultura Liangzhu (hace entre 4.300 y 5.300 años) fue la más avanzada tecnológicamente de todas las culturas neolíticas de la región del bajo Yangtsé antes de la gran inundación. Sí, incluso entonces la gente tenía problemas con el cambio climático. Al parecer, hace unos 4.300 años, los habitantes de China experimentaron grandes perturbaciones climáticas que acabaron en inundaciones catastróficas[14]. Estas inundaciones acabaron con la desarrollada cultura Liangzhu, que tenía su propia capital, defendida por murallas y adornada con palacios. El pueblo Liangzhu era probablemente muy conocido en su época por su industria del jade (tenemos hermosas pruebas de su artesanía) y un buen sistema de gestión del agua.

---

[14] Zhang, Haiwei, Hai Cheng, Ashish Sinha, Christoph Spötl, Yanjun Cai, Bin Liu, Gayatri Kathayat et al. "Collapse of the Liangzhu and other Neolithic cultures in the lower Yangtze region in response to climate change". *Science Advances* 7, nro. 48 (2021): eabi9275.

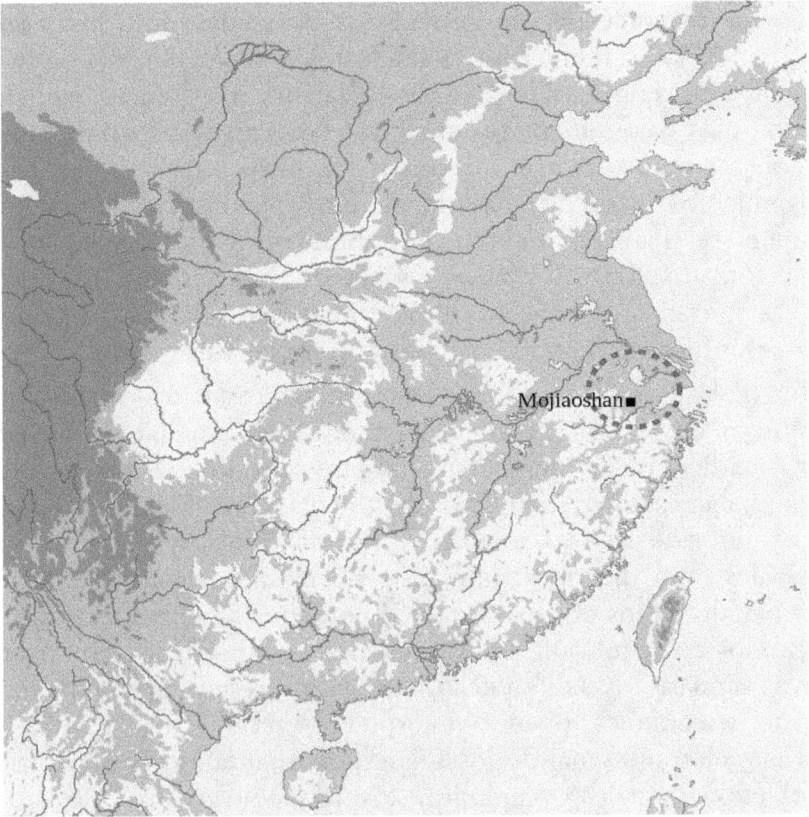

Ubicación de la cultura Liangzhu en el bajo Yangtsé, actual provincia de Zhejiang

Kanguole, CC BY-SA 4.0 <https://creativecommons.org/licenses/by-sa/4.0>, vía Wikimedia Commons; https://commons.wikimedia.org/wiki/File:Liangzhu_map.svg

Con Liangzhu, ya estamos en un mundo más parecido al actual. Si saltáramos «solo» diez mil años atrás, estaríamos en el Paleolítico, mucho más extraño y distante de los humanos actuales. Pero en la cultura Liangzhu nos encontramos con los ingredientes de la Edad Moderna, como una elaborada estratificación social, complejos rituales de muerte y enterramiento, y mucho más. De hecho, la estratificación social y los enterramientos están estrechamente relacionados; explorando los cementerios de los Liangzhu, podemos hacer inferencias sobre su estructura social.

Los Liangzhu eran muy cuidadosos con sus cementerios. Siempre se situaban en un terreno elevado y, si no había un lugar cercano, construían un montículo o una loma para enterrar a los muertos. Su estratificación social se conservaba incluso en la muerte. Las élites se colocaban en la cima del montículo y los miembros menos elitistas en la base[15]. La mayoría de las pruebas relacionadas con los Liangzhu proceden de los cementerios, ya que estos estaban situados en terrenos más altos, lo que facilitaba su localización. Las aldeas situadas en terrenos más bajos quedaron cubiertas por capas de sedimentos. Los arqueólogos encontraron diversos objetos cotidianos en los enterramientos, como hachas de piedra, objetos de jade y cerámica. También se han encontrado en abundancia vasijas de cerámica, trípodes, platos con tallo, jarras y jofainas. Curiosamente, los hombres fueron enterrados con hachas de piedra y objetos de jade, mientras que las mujeres fueron enterradas con adornos circulares y platos.

Una de las formas en que los Liangzhu expresaban la riqueza era por el número de objetos que había en un enterramiento. Cuantos más objetos pudiera enviar una persona al otro mundo, más rica era. El jade parece haber sido un símbolo de estatus. Los Liangzhu producían objetos de jade, los adornaban y los distribuían. Los tres motivos principales eran dragones, humanos y animales sagrados, y aparecían por separado en los objetos de jade, lo que quizá indicaba sus diferentes significados en la religión Liangzhu. En la cerámica Liangzhu aparecían motivos similares. Las diferencias entre las representaciones de dragones en jade y cerámica pueden interpretarse como una prueba de la especialización artesanal de los Liangzhu. Analizando la decoración de los objetos de jade y cerámica, los arqueólogos han llegado a la conclusión de que fueron decorados por diferentes artesanos.

Un lujoso objeto de jade con intrincadas decoraciones ornamentales realizado por artesanos Liangzhu. Se encuentra en el Museo Provincial de Zhejiang

Zhangzhugang, CC BY-SA 3.0 <https://creativecommons.org/licenses/by-sa/3.0>, vía Wikimedia Commons; https://commons.wikimedia.org/wiki/File:Zhejiang_Sheng_Bowuguan_2014.09.28_15-27-39.jpg

---

[15] Ling, Qin. "The Liangzhu culture". *A companion to Chinese archaeology* (2013): 574-596.

Volvamos brevemente hacia logros más monumentales de los Liangzhu. Cerca de la actual Hangzhou se descubrieron restos de un centro urbano Liangzhu. El descubrimiento más importante en este sentido es la larga muralla de la ciudad, que encerraba un área de unas 290 hectáreas. La muralla tenía probablemente unos cuatro metros de altura y una base de roca muy sólida. Esta muralla no solo es un testimonio de la capacidad de construcción de los Liangzhu, sino también de la creciente necesidad de defender la riqueza. Como ya hemos mencionado, durante el Neolítico, los humanos empezaron realmente a acumular riqueza. Aunque la gente tenía una intrincada diferenciación de estatus dentro de las comunidades, también había cada vez más diferencias entre los distintos grupos.

Es posible que la guerra, tal y como la conocemos hoy en día, se originara en la época del Neolítico. De hecho, los logros más importantes del Neolítico, es decir, el sedentarismo, la acumulación de riqueza y la aparición de diferencias de estatus dentro de los grupos y entre ellos, pueden considerarse los requisitos previos de la guerra organizada[16]. Es cierto que la agresión, los conflictos, las masacres, las escaramuzas y otros actos similares existían desde los albores de la humanidad, pero la aparición de la guerra organizada es probablemente un «invento» más reciente que se remonta al Neolítico. Los humanos del Neolítico también eran hábiles artesanos y fueron capaces de fabricar armas cada vez más eficaces. Eso sí, estas armas eran de piedra o madera, por lo que no serían tan eficaces como las de bronce o hierro. El mundo tuvo que esperar a la Edad de los Metales y al perfeccionamiento del arte de la guerra para que las cosas se pusieran realmente sangrientas.

---

[16] Runnels, Curtis N., Claire Payne, Noam V. Rifkind, Chantel White, Nicholas P. Wolff, y Steven A. LeBlanc. "Warfare in Neolithic Thessaly: A case study". Hesperia: *The Journal of the American School of Classical Studies at Athens* 78, nro. 2 (2009): 165-194.

Maqueta de la capital Liangzhu. La parte inferior derecha representa el recinto amurallado rectangular, con algo parecido a un palacio o castillo en el centro. La propia zona amurallada está rodeada de edificios que habrían tenido diversos fines económicos

猫猫的日记本, *CC BY-SA 3.0* <*https://creativecommons.org/licenses/by-sa/3.0*>, *vía Wikimedia Commons; https://commons.wikimedia.org/wiki/File:Model_of_Liangzhu_Ancient_City_01_2013-10.JPG*

Hablemos brevemente de otro gran logro del Neolítico, el que seguimos utilizando más o menos de la misma forma hoy en día: la invención de las bebidas alcohólicas. Bastante pronto en la China neolítica, hace unos ocho mil años, se empezó a experimentar con la fermentación del alcohol[17]. Se elaboraban todo tipo de bebidas a partir de plantas como el mijo de escoba, las lágrimas de Job (mijo de Adlay), judías, jengibre, arroz, lirio, ñame y otras. Los chinos utilizaban diversas técnicas de fermentación, como maltas de cereales, granos enmohecidos y hierbas especiales. Un invento fue crucial para el descubrimiento de la fermentación del alcohol: la cerámica. En la China del Neolítico temprano se fabricaron recipientes especiales para bebidas alcohólicas. Sin estos recipientes, habría sido imposible conservar cualquier tipo de

---

[17] Liu, Li, Jiajing Wang, Maureece J. Levin, Nasa Sinnott-Armstrong, Hao Zhao, Yanan Zhao, Jing Shao, Nan Di, y Tian'en Zhang. "The origins of specialized pottery and diverse alcohol fermentation techniques in Early Neolithic China". *Proceedings of the National Academy of Sciences* 116, nro. 26 (2019): 12767-12774.

líquido durante mucho tiempo. Las primeras bebidas alcohólicas chinas (y neolíticas en general) tenían probablemente porcentajes de alcohol bastante bajos. El mundo tuvo que esperar un poco más para la aparición de bebidas alcohólicas más fuertes hasta que se inventó el proceso de destilación. Las bebidas neolíticas eran probablemente algo similares a la cerveza o el vino, aunque, como hemos visto en el caso de China, eran posibles muchas variaciones diferentes. Además, no sabemos realmente para qué servían estas primeras bebidas. Los historiadores plantean la hipótesis de que las bebidas alcohólicas en la China neolítica probablemente tenían usos medicinales, sociales y espirituales.

Y este es el amplio paisaje de la China neolítica. Fue un periodo maravilloso en el desarrollo de la humanidad. En el espacio de «solo» unos pocos miles de años, el Neolítico trajo cambios tectónicos a la humanidad e impulsó a China (y a otros países) hacia el periodo histórico (como en la era escrita). Pero antes de ocuparnos de las primeras pruebas escritas de China, pasemos a un gran misterio que sigue existiendo debido a las borrosas líneas que separan el mito de la historia: la dinastía Xia.

Capítulo 2: La dinastía Xia: ¿Mito o historia?

Según una antigua historia, la dinastía Xia fue una ilustre dinastía que gobernó una cultura prehistórica china de la Edad de Bronce. Los investigadores no se ponen de acuerdo sobre la existencia de esta dinastía y sobre si podemos establecer una conexión entre la dinastía Xia y una o varias culturas de la Edad de Bronce de China, que son muchas[18]. Primero, demos un poco de contexto.

Hemos saltado del Neolítico directamente a la mítica dinastía Xia. El final del Neolítico en China estuvo marcado por la invención de herramientas y armas de cobre, que, en general, puede considerarse el primer metal con el que el ser humano fabricó herramientas[19]. Los objetos de cobre, como las puntas de lanza, empezaron a aparecer en el tercer milenio a. e. c. (hace cinco mil años) en la actual China occidental[20]. El cobre no es muy resistente y pronto se encontró la forma

---

[18] Thorp, Robert L. "Erlitou and the search for the Xia". *Early China* 16 (1991): 1-38.

[19] Hay una razón por la que el cobre fue el primer metal extraído y trabajado por el hombre. A diferencia de la mayoría de los demás metales, se encuentra en estado relativamente puro en la naturaleza. Para utilizar otros tipos de metales, había que poner en marcha métodos de extracción más elaborados. Además, el cobre tiene un punto de fusión más bajo que el hierro o aleaciones como el acero. Curiosamente, el bronce, que fue un metal inventado inmediatamente después del cobre, tiene un punto de fusión similar a éste. Por tanto, los hornos tuvieron que evolucionar en la misma medida.

[20] Bunker, Emma C. "The Beginning of Metallurgy in Ancient China". *Web Archive.* Disponible en:
https://web.archive.org/web/20070206143502/http://exhibits.denverartmuseum.org/asianart/article

de hacerlo más duradero. Le añadieron estaño y crearon el bronce. Este fue un periodo de experimentación con la mezcla de diferentes metales y la observación del resultado. Los chinos se convirtieron rápidamente en hábiles artesanos del metal, y en la literatura clásica china tenemos pruebas de cómo la gente de entonces era consciente de cómo la mezcla de metales en diferentes proporciones tenía diferentes resultados.

Hace unos cuatro mil años, en la China prehistórica, surgieron numerosas culturas de la Edad de Bronce, entre ellas la famosa cultura Erlitou. Los Erlitou vivían en la cuenca del río Amarillo, en la actual provincia de Henan. No hace falta decir que dominaban la agricultura y que tenían grandes asentamientos permanentes y un centro urbano. También eran hábiles en la fabricación de diversos objetos de bronce, como vasijas para vino. También se encontraron los restos de un palacio, testimonio de la existencia de una élite Erlitou. El palacio estaba rodeado por una robusta muralla construida comprimiendo la tierra y otros materiales. He aquí una descripción experta de este edificio:

«El recinto se alzaba sobre una amplia plataforma de tierra comprimida... Las murallas rodeaban esta zona, pero apenas se conserva nada excepto sus cimientos. Probablemente se crearon galerías techadas añadiendo filas paralelas de columnas tanto dentro como fuera de los muros. En el centro del muro sur había una gran abertura de 34 m de diámetro que se interpretó como una puerta, pero esta parte del yacimiento está tan mal conservada que poco se puede deducir sobre su aspecto... Otra puerta (¿o una cámara adosada?) puede haber ocupado una posición en el segmento con muescas del noreste del muro este.

Cerca del muro norte, a unos 70 m al norte de la putativa puerta sur y equidistante de ambos bordes de la plataforma, se levantó una sala principal elevada, aparentemente la única estructura del recinto. Sus cimientos, de 36 m de ancho y 25 m de profundidad, se construyeron antes que la plataforma circundante. Las columnas del bloque de cimentación estaban espaciadas a intervalos de 3,8 m, nueve a lo largo de las caras norte y sur, y cuatro (contando doblemente las columnas de los extremos) en los extremos este y oeste»[21].

s/metalwork/art_li_mat.html
[21] Thorp, Robert L. "Erlitou and the search for the Xia".

Se trata de la descripción de un edificio bastante complejo, que probablemente estaba bajo algún tipo de control por parte de las élites o los ancianos. Por desgracia, no sabemos mucho sobre el uso exacto del edificio. Los expertos suponen que tenía un complejo conjunto de funciones, desde cívicas hasta religiosas. En cualquier caso, el gran espacio cerrado del interior del palacio era suficiente para diez mil personas, por lo que es posible que este espacio tuviera fines religiosos y/u otros fines sociales[22]. Los investigadores deducen esta conclusión de los primeros textos chinos que proceden de la dinastía Zhou. Por ejemplo, en el *Libro de los Documentos*, una colección de algunos de los textos más antiguos que se conservan de la antigua China, se menciona que el «rey ordenó a toda la multitud que acudiera al patio». Por tanto, es probable que ese fuera también el propósito de los patios Erlitou.

Los ritos funerarios de los Erlitou debieron de ser bastante complejos y, una vez más, dan testimonio de una intrincada diferenciación de estratos sociales. En las tumbas más ricas se encontraron diversos tipos de objetos, como vasijas de bronce, objetos de jade, jarras y jofainas de cerámica, recipientes para verter agua y similares. También se encontraron armas, así como el esqueleto de un perro en un pequeño ataúd.

A la inversa, se hallaron varios enterramientos de «esclavos» o «sacrificios», presumiblemente de personas de estatus inferior.

No hace falta decir que la cultura Erlitou es más conocida por ser una de las primeras en producir objetos de bronce. Se desenterraron numerosos vasos de bronce fabricados con una fina capa de bronce moldeada a partir de múltiples piezas. Los Erlitou también aprendieron a fabricar hachas, cuchillos y campanas de bronce, algunos de los cuales estaban decorados con complejos ornamentos. También se hallaron varias placas de bronce con adornos de turquesa, que son un testimonio más de los «saltos cuánticos» en el conocimiento y la habilidad metalúrgicos.

---

[22] Ibíd.

Trípode de bronce de Erlitou, el llamado *jue*. Algunos autores creen que se trataba de un recipiente para vino, y es posible que tuviera una finalidad ritual muy específica. Parte de la colección del Instituto de Investigación Arqueológica de la Academia China de Ciencias Sociales *Editor at Large, CC BY-SA 2.5 <https://creativecommons.org/licenses/by-sa/2.5>, vía Wikimedia Commons; https://commons.wikimedia.org/wiki/File:CMOC_Treasures_of_Ancient_China_exhibit_-_bronze_jue.jpg*

Pero, ¿dónde encaja la legendaria Xia? En primer lugar, exploremos los documentos históricos que mencionan a los Xia. Es crucial tener en cuenta que la legendaria Xia no tenía un sistema de escritura, por lo que cualquier evidencia de Xia tiene que ser arqueológica o en escritos posteriores. Los Xia se mencionan en leyendas y mitos que han encontrado su camino en textos posteriores que proceden principalmente del periodo Zhou (hace unos tres mil años)[23]. Las primeras pruebas históricas de la antigua China (dinastía Shang) nos llegan en forma de inscripciones de huesos de oráculo, en las que no se menciona a los Xia. Se han encontrado miles de estos huesos de oráculo. Son anteriores a la dinastía Zhou por unos quinientos años y posiblemente más cercanos a la mítica Xia, por lo que es curioso que ninguno de los huesos desenterrados mencione a Xia. Sin embargo, los huesos sí contienen ocasionalmente menciones a la dinastía Shang, por lo que es razonable suponer que si la gran dinastía Xia existió y fue importante, al menos algunos huesos habrían contenido inscripciones

---

[23] Chen, Minzhen. "Faithful History or Unreliable History: Three Debates on the Historicity of the Xia Dynasty". *Journal of Chinese humanities* 5, nro. 1 (2019): 78-104.

referidas a la Xia, debido a su cercanía histórica a la Shang (y a la supuesta continuidad cultural entre la Xia y la Shang). Pero hasta ahora no ha sido así.

Por esta y otras razones, diversos historiadores creen que la dinastía Xia fue una invención de la Zhou. Pero, ¿cuál sería el motivo? Algunos expertos hacen hincapié en los paralelismos entre el legendario Yu (que al parecer es el gobernante más importante de Xia) y el rey Wen de Zhou, ambos instruidos y guiados por divinidades[24]. Este tipo de analogía podría haber servido para «justificar» el derrocamiento de los Shang por los Zhou, demostrando que fue un mandato de los cielos. Huelga decir que esto es solo una hipótesis. Cabe preguntarse si los Zhou se inventaron toda la historia o si simplemente decidieron centrarse en una leyenda concreta que sirviera a sus propósitos. Algunos autores evocan el concepto de «memoria social» y que los pasajes que mencionan a los Xia tienen el propósito de preservar la memoria de los tiempos antiguos y los cambios sociales, y no necesariamente el propósito de proporcionar relatos históricos precisos sobre una determinada dinastía[25]. En este sentido, los Xia pueden ser una especie de herramienta «mnemotécnica», una forma de sintetizar varios acontecimientos históricos en una sola cultura y dinastía.

Nos encontramos en el mismo punto que cuando empezamos a hablar de los Xia. La dinastía Xia se sitúa entre el mito y la realidad, entre la leyenda y la historia. Algunos de los relatos relacionados con Xia no carecen de base histórica, como veremos en el próximo capítulo sobre Yu el Grande, el legendario rey Xia. Las penurias y los logros atribuidos a la dinastía Xia fueron sin duda cosas que vivió el antiguo pueblo chino. Por otro lado, sigue siendo imposible demostrar la existencia de una cultura o dinastía llamada Xia o la existencia de un rey llamado Yu el Grande. Se ha intentado establecer un vínculo entre la cultura Erlitou y la Xia, pero los resultados son ambiguos en el mejor de los casos. La existencia real de un rey (o emperador) llamado Yu que impulsó a China a un periodo de desarrollo exponencial es aún más dudosa. La senda de desarrollo atribuida a los Xia y a Yu fue recorrida con toda seguridad por los chinos. Pero que fueran los Xia los responsables de estos desarrollos sigue siendo cuestionable.

---

[24] Ibíd.

[25] Ibíd.

Capítulo 3: Yu el Grande

Ahora que hemos aclarado (o perpetuado aún más) la cuestión de la historicidad de la dinastía Xia, echemos un vistazo a Yu el Grande, el legendario emperador de los Xia. Como ya se ha mencionado, las pruebas textuales de la dinastía Xia proceden de un periodo muy posterior, de la dinastía Zhou. Se trata de textos sumamente herméticos llenos de cosmología y mitología antiguas. Antes de pasar a describir los logros atribuidos a Yu el Grande, exploremos brevemente su linaje.

Los Xia proceden supuestamente de diez pájaros solares totémicos que vivían en el árbol de la Morera. Los diez pájaros-sol surgieron del árbol de la Morera y se dirigieron hacia el oeste, al homólogo occidental de su propio árbol de la Morera. Luego había un hombre llamado señor Amarillo (Huang Di). El señor Amarillo es una figura compleja por derecho propio y está impregnado de metodología hermética china, quizá incluso más que su sucesor, Yu el Grande. En algunas versiones del mito, se le atribuye ser el antepasado de numerosas tribus, incluida la Xia. Su apellido era You Nai Shi o Han Yuan Shi, lo que da fe de su naturaleza totémica. En chino clásico, *nai* puede significar «tortuga de tres patas o dragón». *Han Yuan* es «tortuga negra», que tiene cualidades celestiales. Así pues, el señor Amarillo es una entidad intermedia entre un tótem y un ser humano.

El señor Amarillo tenía una esposa llamada Lei Zu («mujer del túmulo occidental»), y ambos tuvieron un hijo llamado Chang Yi, que heredó el reino del señor Amarillo. Chang Yi también está asociado con el oeste y con el agua. El hogar de Chang Yi era el río Ruo, que fluía desde la versión occidental de la Morera. Según una versión del mito, Chang Yi tuvo un hijo llamado Han Liu. «Han Liu tenía la garganta larga y las orejas pequeñas, la cara humana con hocico de cerdo, el cuerpo escamoso, los muslos como llantas de rueda y los pies petados»[26].

Así pues, Han Liu era una criatura parecida a un dragón, similar a Zhuan Xu (también escrito Zhuanxu), que también era hijo de Chang Yi, según una versión ligeramente diferente del mito.

Además, tanto Han Liu como Zhuan Xu están asociados con el río Ruo, que supuestamente es su hogar. A los descendientes de Zhuan Xu se los conoce como el pueblo de las tres caras, que son inmortales. También tuvo un adversario, Gong Gong. Parece que Gong Gong está acreditado como el origen de grandes inundaciones, que los antiguos chinos (y pueblos de otros lugares) experimentaron, utilizándolo como base para sus mitos y leyendas. Zhuan Xu tenía un hijo, Gun, que intentó resolver el problema de las inundaciones, pero no lo consiguió. Según el mito, Gun siguió las señales de tortugas y búhos. Por desgracia para Gun, sus soluciones no fueron eficaces y fue ejecutado por el rey, que probablemente era su padre. Sin embargo, la muerte de Gun no fue su final, ya que se transformó en *nai* (la mencionada tortuga o dragón de tres patas). Después nació su hijo Yu (que se convertiría en Yu el Grande).

Al igual que Gun siguió los patrones trazados por las tortugas y los búhos, Yu siguió el patrón de los dragones amarillos. También construyó un terreno elevado y dirigió la excavación de numerosos canales para permitir que el agua fluyera alrededor de los asentamientos y no dentro de ellos. Debió de ser un proyecto inmenso que requirió años y una increíble mano de obra humana (y animal). Yu el Grande también dirigió el dragado de los cauces de los ríos, lo que permitió un flujo de agua más abundante y quizá incluso el aumento de la navegabilidad de los ríos. Además de excavar canales y dragar los cauces de los ríos, a Yu se le atribuyen importantes reformas. Por ejemplo, dividió el país en nueve provincias: Jizhou (冀州), Yanzhou (兖州), Qingzhou (青州), Xuzhou (徐州), Yangzhou (揚州), Jingzhou (荆州), Yuzhou (豫州), Liangzhou (梁州) y Yongzhou (雍州).

---

[26] Allan, Sarah. "The myth of the Xia Dynasty". *Journal of the Royal Asiatic Society* 116, nro. 2 (1984): 242-256.

De forma similar a Gun, Yu también se transformó en *nai*, un ser mítico. Tras verlo en su nueva forma, la esposa de Yu, la «dama de la montaña Tu», huyó y se convirtió en piedra. Fue entonces cuando dio a luz al hijo de Yu, Qi. El nombre «Qi» puede significar «comienzo», y a menudo se atribuye a Qi ser el primer gobernante hereditario de China y el último en tener un nacimiento milagroso. El hijo de Qi, Tai Kang, continuó la dinastía Xia, que dio muchos grandes reyes. Uno de los últimos fue un rey llamado Kong Jia, del que tenemos algo más de información en comparación con otros sucesores de Yu.

Parece que Kong Jia fue el rey que inició el declive de la dinastía Xia. Kong Jia se interesaba por la magia y lo sobrenatural. Los cielos le enviaron dos dragones, pero Kong Jia fue incapaz de atenderlos. Uno de ellos murió. Sin saberlo, este dragón sirvió de comida a Confucio, que se lo comió, sellando así su destino. En otra versión del mito, el soberano Xia «moraba en el río del oeste. El cielo tuvo un desastre ominoso: los diez soles salieron juntos»[27]. Pronto, los Xia desaparecieron, solo para ser reemplazados por los Shang. No es una coincidencia que los diez soles fueran símbolos de los Shang, y que el ominoso suceso que le ocurrió al gobernante Xia anunciara la llegada de una nueva dinastía, la primera dinastía china de la que tenemos pruebas históricas sólidas.

---

[27] Ibíd.

SEGUNDA PARTE:
LA DINASTÍA SHANG
(c. 1600-1050 a. e. c.)

Capítulo 4: La batalla de Mingtiao

Aunque el declive de los Xia era visible desde la época de Kong Jia, no fue hasta su sucesor, Jie, cuando la dinastía dejó de existir. Un hombre llamado Tang derrocó finalmente a los Xia en un acto de rebelión abierta, que terminó en la decisiva batalla de Mingtiao. Tang ganó la batalla y se convirtió en el primer gobernante de la dinastía Shang[28]. Se dice que la batalla tuvo lugar en torno al año 1600 a. e. c. Los Xia, como hemos visto, entraron en decadencia, e incluso los cielos enviaban señales de su próxima desaparición. El final llegó de la mano de Tang.

Tal vez había algo más en Tang que simplemente ser alguien que representaba el mandato del cielo. Algunos autores creen que fue el líder de una rebelión masiva contra los Xia y que, con el tiempo, podría haberse convertido en una especie de élite que gobernaba a los menos privilegiados. En este sentido, Tang podría haber sido la expresión de una rebelión más amplia contra, por ejemplo, los impuestos y la extravagancia de la dinastía Xia.

Por desgracia, desconocemos las circunstancias reales de la batalla de Mingtiao. Si hubo algo parecido a una rebelión contra la hegemonía de los Xia, es probable que participaran diversos grupos culturales y que Tang fuera simplemente uno de los líderes.

Tang

Hay una historia muy interesante sobre Tang en tablillas de bambú que fueron descubiertas por las autoridades cuando entraban de

---

[28] Mark, Joshua J. "Ancient China". *Ancient History Encyclopedia* (2012).

contrabando en Hong Kong. Estas tablillas de bambú datan de una época muy posterior, el periodo de los Estados combatientes (siglos V a III a. e. c.)[29]. La historia se titula (de forma un tanto poética) «Cuando las palomas rojas se reunieron en casa de Tang», y dice así: Tang estaba en su casa cuando vio palomas rojas que se agolpaban en su tejado. Tang cogió su arco y flecha y disparó a una paloma, que entregó a su criado Xiaochen, ordenándole que hiciera una sopa con la paloma roja. Xiaochen procedió a hacer la sopa, pero antes de que pudiera servírsela a su amo, llegó la esposa de Tang, Ren Huang. La mujer de Tang quería probar la sopa de paloma roja, pero Xiaochen dudaba. Temía que su amo lo descubriera y lo mandara matar. Pero Ren Huang amenazó con matar a Xiaochen si no le dejaba probar la sopa.

Así que el pobre Xiaochen se vio obligado a permitir que Ren Huang probara la sopa. Después de hacerlo, fue capaz de ver todas las cosas del mundo; su mirada penetró en todas partes. Xiaochen tomó lo que quedaba de la sopa y también experimentó los mismos efectos. Tang se enteró de lo sucedido, lo que impulsó a Xiaochen a huir hacia Xia. Aunque consiguió huir de Tang, el rey Shang hechizó a Xiaochen, quedándose muy adormilado y fue incapaz de seguir con su plan. En ese momento, una bandada de cuervos se acercó a Xiaochen, queriendo comérselo. Sin embargo, descubrieron que Xiaochen no podía ser devorado. Entonces, el líder de los cuervos, una especie de médium espiritual, se adelantó y envió a otros cuervos a la corte de los Xia, donde el señor Xia estaba haciendo sus ofrendas con la esperanza de obtener una mejor salud.

El cuervo médium espiritual poseyó a Xiaochen, lo que, en cierto modo, anuló el hechizo lanzado por Tang. El poseído Xiaochen llegó a los Xia, cuyo señor desconocía la razón de su propia enfermedad. Pero el poseído Xiaochen sí lo sabía: un hombre llamado Thearch empleó magia negra para enfermar al señor Xia ordenando que dos conejos blancos y dos serpientes amarillas moraran bajo la habitación del señor Xia. También se hicieron dos montículos debajo de su dormitorio. Todo esto enfermó al señor Xia. Su corazón no funcionaba como debía y el cuerpo del señor empezó a mostrar llagas que le impedían descansar.

---

[29] Allan, Sarah. "When Red Pigeons Gathered on Tang's House: A Warring States Period Tale of Shamanic Possession and Building Construction set at the turn of the Xia and Shang Dynasties". *Journal of the Royal Asiatic Society* 25, nro. 3 (2015): 419-438.

Los objetos de magia negra fueron retirados, y el señor Xia recuperó la salud. Pero un conejo se escapó; para mantenerlo alejado de la ciudad, la gente empezó a construir parapetos.

Sobra decir que hay muchas maneras de interpretar esta historia. Sarah Allan, estudiosa de la China antigua, cree que esta historia toma el contenido mítico (los poderes mágicos de Tang, etc.) y lo mezcla con los ritos de construcción de parapetos para proporcionar una especie de justificación y base histórico-mítica al rito.

A pesar de ser la primera dinastía china de la que tenemos pruebas escritas (principalmente en huesos de oráculos), la dinastía Shang sigue estando impregnada de mitos. El estudio de los huesos de los oráculos Shang y las pruebas textuales posteriores ayudaron a los eruditos a descubrir una importante figura fundadora, el ministro Yi Yin. Al igual que Xiaochen en la historia mencionada, Yi Yin era descrito como el cocinero de Tang y alguien que ayudaba en los ritos de sacrificio. Algunos investigadores creen que Yi Yin es una figura típica de los antiguos mitos y leyendas de China. Era de origen humilde, pero, a pesar de ello, fue educado por el emperador y se le permitió alcanzar el cargo más alto. También se cree que tal motivo subrayaba la importancia de delegar o compartir el poder en la cúspide. El emperador era sin duda el máximo responsable, pero no podía hacer nada si no contaba con el apoyo de los grupos que eran gobernados por él.

De forma muy indirecta, el motivo del Yi Yin es un testimonio de la increíble diversidad cultural de la antigua China. Como comprenderá a estas alturas, no hubo una simple sucesión de culturas, sino que en China (y en el mundo) coexistieron muchas culturas. Probablemente mantuvieron amplios contactos entre sí, ya fuera a través del comercio o de las guerras. Es probable que durante ciertos periodos, una o dos culturas emergieran como «líderes». En la actualidad, China es un país increíblemente complejo con muchas provincias, tradiciones y grupos étnicos diferentes. En la Edad de Bronce, es probable que las cosas fueran más o menos iguales; quizá, incluso, más complicadas y menos centralizadas, teniendo en cuenta la velocidad de las comunicaciones y la transmisión de conocimientos. Así pues, quien estuviera en la cima debía contar con la aprobación de sus gobernados.

Los Shang estuvieron en la cima durante bastante tiempo, debido a su desarrollo cultural, su dominio de la artesanía y su disposición a aprender de otras culturas. No hay que olvidar que las ciudades Shang estaban situadas bastante cerca de los yacimientos Erlitou, y es probable que se produjeran amplios intercambios entre los Shang y los Erlitou y entre otros grupos de la antigua China. Los ingeniosos Shang, a quienes debemos los primeros documentos escritos de la antigua China, corrieron sin embargo la misma suerte que los Xia. Pero veamos primero sus logros antes de pasar al declive de los Shang y el ascenso de los Zhou.

Capítulo 5: Desarrollo cultural y militar

Aunque la mayoría de los historiadores prefieren guardar silencio con respecto a la batalla de Mingtiao, sabemos mucho más sobre uno de los principales protagonistas de la misma: los Shang. El desarrollo de los Shang se ha conservado bien, y los arqueólogos han podido rastrear los primeros tiempos de los Shang hasta el año 2000 a. e. c.[30] Los llamados «proto Shang» fueron descubiertos en las provincias chinas de Henan y Hubei. En las primeras fases de su desarrollo, los Shang habitaron la actual Hubei; con el paso del tiempo, se desplazaron más hacia el sur, cruzando el río Amarillo en un momento dado y asentándose en la actual Henan. Se presume que los Shang pasaron de un estilo de vida nómada, basado en gran medida en la ganadería, a un estilo de vida más sedentario y basado en la agricultura.

---

[30] Hou, Liangliang, Yaowu Hu, Xinping Zhao, Suting Li, Dong Wei, Yanfeng Hou, Baohua Hu et al. "Human subsistence strategy at Liuzhuang site, Henan, China during the proto-Shang culture (~ 2000–1600 BC) by stable isotopic analysis". *Journal of Archaeological Science* 40, nro. 5 (2013): 2344-2351.

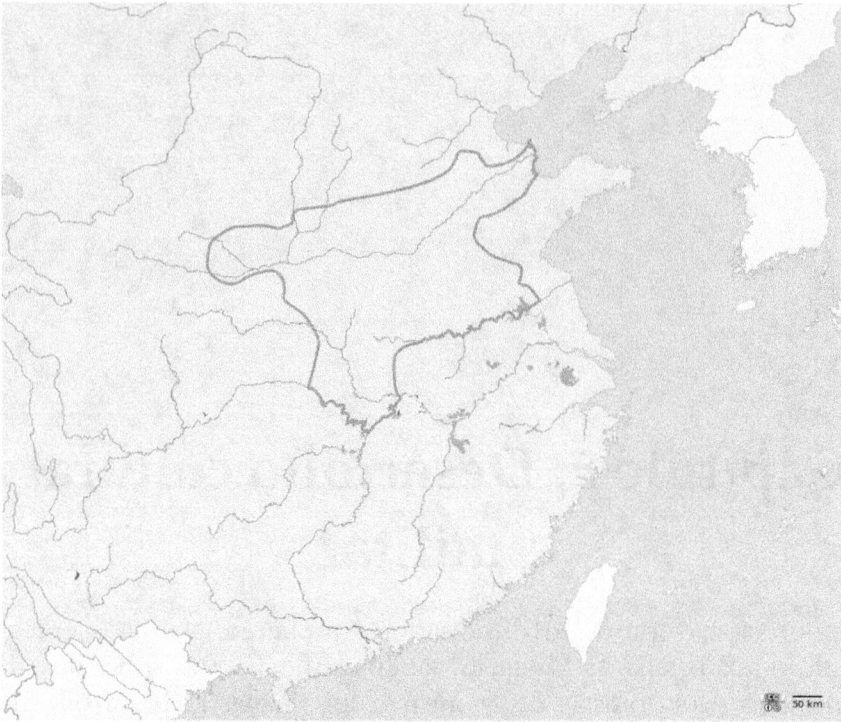

Territorio Shang en las actuales provincias chinas de Hubei y Henan

Lamassu Design Gurdjieff, CC BY-SA 3.0 <https://creativecommons.org/licenses/by-sa/3.0>, vía Wikimedia Commons; https://commons.wikimedia.org/wiki/File:Shang_dynasty.svg

Esto nos lleva al establecimiento de una ciudad Shang muy importante llamada Zhengzhou. Zhengzhou es el nombre de una ciudad china moderna situada en el antiguo yacimiento arqueológico Shang[31]. Con el yacimiento de Zhengzhou, probablemente estemos entrando en el año 1600 a. e. c., por lo que esta antigua ciudad podría haber sido la primera capital de la dinastía Shang tras la derrota de la legendaria Xia. En Zhengzhou se descubrió una gran muralla de tierra apisonada de casi siete kilómetros de longitud. Pero hay otros emplazamientos Shang, como Xiaoshuangqiao y Huanbei, ambos bastante grandes y rodeados de gruesas murallas de tierra apisonada. El desarrollo de elaboradas estructuras defensivas demuestra que los conflictos entre grupos eran, más o menos, algo cotidiano en este periodo. La riqueza y el lujo debían protegerse por todos los medios. Y aunque la Edad de Bronce, que fue anunciada por los Shang en la antigua China, trajo consigo cambios muy

---

[31] Guangkuo, Yuan. "The discovery and study of the Early Shang culture". *A companion to Chinese archaeology* (2013): 323-342.

importantes en el desarrollo de la humanidad, es bastante probable que hubiera algunos grupos de personas que simplemente quisieran «secuestrar» la senda del desarrollo y subir unos cuantos peldaños erradicando culturas más avanzadas y apoderándose de sus logros.

Las ciudades más grandes, casi por regla general, estaban rodeadas de asentamientos más pequeños que, en cierto modo, orbitaban alrededor de los ilustres centros culturales. Los asentamientos circundantes probablemente no eran exclusivamente «Shang». Probablemente tenían una mezcla de gente muy diversa. Desde este punto de vista, el establecimiento de capitales parece aún más importante, ya que permite establecerse como el «jefe» (y a veces como la «jefa») de la zona. También habría sido posible la recaudación de tributos e impuestos (si existían entonces) y un control más cuidadoso de la zona.

Jerarquía social

Para inspeccionar la jerarquía social, tenemos que dirigirnos a un lugar donde, a todos los efectos, la jerarquía social deja de existir: la muerte. Pero al igual que las personas no son iguales mientras están vivas, no dejan de ser desiguales en la muerte. Los antiguos eran muy cuidadosos a la hora de preservar la jerarquía social, incluso en la otra vida. Los miembros más ricos de los Shang eran enterrados en tumbas grandes (de unos diez metros cuadrados). Se utilizaban ataúdes de madera para guardar los cuerpos de la clase alta, y algunos tenían ataúdes de madera tanto exteriores como interiores. A veces, los propios ataúdes estaban decorados o pintados. En estas tumbas se encontraron numerosos objetos de prestigio. Los arqueólogos han descubierto dagas de jade, trípodes y jarras de bronce, recipientes para alimentos y herramientas y armas de bronce. Algunas tumbas de la élite también contenían protoporcelana.

A medida que avanzamos hacia la parte inferior de la jerarquía, descubrimos tumbas más modestas, de menor tamaño y que suelen contener objetos de cerámica. Algunas tumbas tienen menos de un metro cuadrado, lo que significa que el cuerpo solo cabe en una posición contraída, fetal. Estas tumbas rara vez contienen objetos.

Los Shang fueron probablemente los primeros en empezar a utilizar el bronce a gran escala. La mencionada cultura Erlitou fue una de las primeras en producir bronce, pero su uso se limitaba a unos pocos tipos de objetos bastante pequeños, como cuchillos. Los Shang, por su parte, empezaron a utilizar el bronce para fabricar herramientas como palas y hachas. Las palas y hachas de bronce son más eficaces que las herramientas de piedra o madera. En los asentamientos Shang se descubrieron diferentes fundiciones de bronce. Probablemente había muchos artesanos especializados en herrería, y diferentes talleres especializados en distintos tipos de herramientas. Además, no existía una única «receta» para el bronce. La proporción de cobre y estaño en la aleación de bronce varía significativamente. Algunas piezas de bronce Shang también contienen plomo, lo que quizá sea un testimonio de la voluntad de los Shang de experimentar y mejorar aún más su metal.

Un hacha de bronce de los Shang que posiblemente se utilizó con fines rituales y de combate
Editor at Large, CC BY-SA 2.5 <https://creativecommons.org/licenses/by-sa/2.5>, vía Wikimedia Commons;
https://commons.wikimedia.org/wiki/File:CMOC_Treasures_of_Ancient_China_exhibit_-
_bronze_battle_axe.jpg

De forma similar, había muchos expertos que fabricaban cerámica. También se esforzaban por mejorar su oficio, de ahí que podamos encontrar la llamada «protoporcelana» de los Shang.

Esto no significa que algunos de los oficios más antiguos se extinguieran en la época de los Shang. Por ejemplo, se han descubierto numerosos talleres de huesos. Se utilizaban huesos humanos y de animales para fabricar todo tipo de objetos cotidianos, como agujas, puntas de flecha, anillos, anzuelos y similares. Se han encontrado pruebas de sacrificios humanos por parte de los Shang, por lo que el uso de huesos humanos para la producción de herramientas no es tan sorprendente. Curiosamente, en dichos talleres también se encontró marfil. Es probable que los Shang tuvieran que importar marfil desde muy lejos, lo que significa que mantenían una amplia comunicación con las culturas cercanas y con otras mucho más lejanas.

Capítulo 6: Política y religión

Probablemente, la fuente más importante de las prácticas culturales de los Shang son los famosos huesos de oráculo, que contienen el primer sistema de escritura conocido de la antigua China. Más de ochocientos huesos de oráculo contienen menciones a los Qiang, que eran distintos de los Shang y probablemente estaban subordinados a estos últimos[32]. Los cautivos de guerra Qiang tenían el penoso destino de ser sacrificios humanos para los Shang. Aunque la razón exacta de los sacrificios humanos de la dinastía Shang probablemente seguirá siendo desconocida, hay formas de explicar este fenómeno, todas las cuales pueden aportar información sobre el sistema religioso y político de los Shang.

Una teoría probable es que los sacrificios humanos sirvieran para legitimar el control político de la dinastía Shang sobre la población. En este sentido, los Shang (o cualquier otro grupo étnico) no pueden existir sin situarse en relación con otros grupos étnicos. Los Qiang podrían haber servido como antítesis de los Shang, proporcionando una forma de que los Shang se establecieran como los vencedores, los que ejercen el poder sobre los demás. Esta interpretación nos da una perspectiva diferente sobre el tema de los sacrificios humanos, lo cual es importante, ya que la gente moderna tiende a atribuir este comportamiento a las profundidades de la prehistoria. La gente evita interpretar este comportamiento, calificándolo en cambio de pura barbarie, canibalismo

---

[32] Shelach, Gideon. "The Qiang and the question of human sacrifice in the late Shang period". *Asian Perspectives* (1996): 1-26.

y cosas por el estilo.

Los huesos de oráculo probablemente tenían un propósito complejo. Es probable que los Shang los utilizaran en sus rituales cortesanos de la siguiente manera. En un caparazón de tortuga se inscribían adivinaciones alternativas que decían, por ejemplo: «Mañana lloverá» y «Mañana no lloverá». A continuación, se introducía carbón caliente u otra fuente de calor en las partes previamente ahuecadas de la parte posterior del caparazón de tortuga. El carbón caliente inevitablemente hacía grietas en el caparazón de la tortuga. Un adivino interpretaba el patrón de las grietas con respecto a las inscripciones[33]. El contenido exacto de las inscripciones del hueso del oráculo nos da una idea de las preocupaciones y luchas cotidianas de los Shang. «Esta noche no habrá ningún desastre». «Durante todo el día no encontraremos grandes vientos». «Todo el día no habrá ningún daño»[34]. Este contenido puede interpretarse no solo como una predicción del futuro, sino también como una forma de *influir* en él y, lo que es más importante, de liberar a la gente del sufrimiento.

En estos rituales de los Shang es evidente la temprana conexión entre religión y lucha con el entorno. Y una vez más, volvemos a Freud, que creía que fue gracias a la dureza del entorno primitivo de los humanos que surgieron las deidades. Cuando una persona no tiene nada a lo que recurrir, cuando está completamente a merced de las condiciones ambientales, puede buscar vías espirituales para mejorar su vida[35] Los huesos de oráculo Shang son una prueba de esta lucha inicial entre los humanos y la naturaleza.

---

[33] Keightley, David N. "Shang divination and metaphysics". *Philosophy East and West* 38, nro. 4 (1988): 367-397.

[34] Ibíd.

[35] Freud, Sigmund. "El porvenir de una ilusión". *Broadview Press*, 2012.

Fosa con gran cantidad huesos de oráculo excavada en Yinxu, Anyang, China
Chez Câsver (Xuan Che), CC BY 2.0 <https://creativecommons.org/licenses/by/2.0>, vía
Wikimedia Commons; https://commons.wikimedia.org/wiki/File:Oracle_bones_pit.JPG

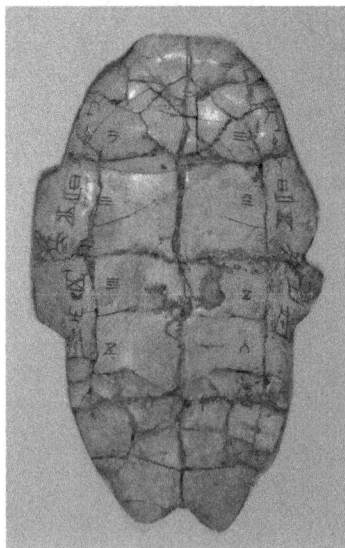

Un hueso de oráculo Shang muy típico procedente de una tortuga. Este hueso pertenece a la
época del rey Wu Ding. Las dos predicciones alternativas se interpretan de la siguiente manera:
«Gu adivinó: Ban tendrá desgracia» y «Gu adivinó: Ban no tendrá ninguna desgracia»
(Museo Nacional de China, CC BY-SA 3.0 <https://creativecommons.org/licenses/by-sa/3.0>, vía
Wikimedia Commons;
https://commons.wikimedia.org/wiki/File:Shang_dynasty_inscribed_tortoise_plastron.jpg

Pasemos ahora a un análisis más concreto de los huesos de oráculo relacionados con los Qiang, que nos ayudará a desvelar los misterios de los Shang. También comprenderá cuánto trabajo cuesta entender incluso un solo carácter chino conservado en huesos de oráculo.

Según la mayoría de los estudiosos, el carácter pronunciado como «Qiang» tiene el siguiente significado: «Pastores de ovejas Rong occidentales»[36]. El carácter Qiang está formado por dos caracteres separados, uno denota «hombre» y el otro «oveja». Los Qiang vivían probablemente en el noroeste de China y llevaban un estilo de vida pastoril. En ese sentido, estaban en la periferia de la influencia Shang y eran culturalmente distintos. Mientras que los Shang se basaban más en la agricultura, los Qiang eran pastores. Gracias a sus avances tecnológicos, en especial el uso extensivo del bronce, los Shang fueron probablemente soldados más eficaces y pudieron mantener subyugadas a las sociedades circundantes, al menos durante cierto tiempo. Por ejemplo, aunque los carros están ausentes de los primeros yacimientos Shang, aparecen en el periodo posterior (alrededor del año 1000 a. e. c.) y debieron de utilizarse tanto en la guerra como en la caza.

Los Qiang no fueron la única cultura vecina mencionada en huesos de oráculo. De hecho, docenas de sociedades se mencionan en huesos de oráculo en un contexto que implica que disfrutaban de mayor o menor libertad política y autonomía del dominio central Shang. Por lo tanto, la estructura de la civilización Shang no era totalmente distinta a la de los feudos de la Edad Media. Su dominio sobre los vecinos no se caracterizaba simplemente por la guerra y la subyugación, sino también por negociaciones y amplios contactos culturales. Por ejemplo, los nobles Shang se mezclaban con la nobleza de los grupos vecinos. A la inversa, los no Shang eran adoptados en el clan o la dinastía, y también podían ocupar altos cargos políticos y religiosos.

No cabe duda de que existía un intenso comercio entre los Shang y sus vecinos. Los caparazones de tortuga para los huesos de oráculo se obtenían en gran medida del exterior. Otros materiales importantes, como la sal, el estaño y el cobre, también se obtenían de los vecinos.

En este sentido, los Qiang surgieron como vecinos muy importantes, al menos para los Shang, ya que son los únicos mencionados en los huesos de oráculo como sacrificios humanos. Los Qiang debieron hacer

---

[36] Shelach, Gideon. "The Qiang and the question of human sacrifice in the late Shang period", pág. 4.

algo para precipitar una respuesta más dura por parte de los Shang.

En el yacimiento llamado Yin Xu(Anyang), la mayor ciudad Shang, se excavaron varias fosas de sacrificios humanos, que a veces acompañaban a los nobles en su vida después de la muerte. Aunque desconocemos la etnia de las personas halladas en estas fosas de sacrificio, es probable que los prisioneros de guerra Qiang participaran en rituales similares o fueran enterrados en las fosas de sacrificio halladas en Yin Xu. Lo que sí sabemos con certeza es que los huesos del oráculo que mencionan a los Qiang hablan de los Shang y sus aliados cazando a los Qiang. Los Qiang eran a menudo decapitados, al menos según los huesos del oráculo, y se han encontrado numerosos esqueletos sin cabeza en fosas de sacrificio Shang. La mayoría de las personas encontradas en las fosas de sacrificio eran hombres, lo que fomenta aún más la hipótesis de que eran prisioneros de guerra.

Pero, ¿por qué los Shang realizaban estos rituales? Los historiadores no están seguros, pero hay algunas hipótesis muy probables. Por ejemplo, los sacrificios humanos podrían haber sido una forma de comunicarse con los antepasados. Esta interpretación recibe apoyo de textos descubiertos en huesos de oráculo. Además, como suele ocurrir con los sacrificios, los Shang podrían haberlos hecho para complacer a los seres espirituales que tenían poder sobre la vida humana. Cuando los Shang advirtieron señales de que se estaba perdiendo la armonía en el mundo, es posible que se sintieran obligados a ofrecer algo a los seres espirituales supremos para alterar lo que parecía su inminente aniquilación.

Pero esto es solo una parte de la historia. Para obtener la imagen completa, tenemos que dirigirnos hacia la construcción del estado Shang. En la cima, por supuesto, había un rey rodeado de su familia noble y miembros de la élite. Las élites de otras sociedades podían entrar en la dinastía Shang y viceversa. Por debajo de las élites estaba probablemente el ejército: gente algo rica que tenía suficiente dinero para equiparse para la guerra y que estaba directamente controlada por las élites. Después estaban los artesanos, que eran de suma importancia para el desarrollo cultural. En la base se encontraban los agricultores (relativamente) libres; probablemente eran los más numerosos. Parece que los Shang no tenían esclavitud institucionalizada. En la antigua Grecia o Roma, los cautivos de guerra solían ser vendidos como esclavos. Los Shang no tenían esclavitud institucionalizada, al menos por lo que sabemos, y por lo tanto tuvieron que encontrar otro «propósito» para sus prisioneros de guerra.

Algunos reyes Shang

La dinastía Shang duró unos seiscientos años, por lo que no es posible describir aquí a todos sus gobernantes. Sin embargo, podemos recurrir a algunas de las historias más interesantes sobre algunos de los gobernantes Shang, conservadas en un antiguo libro llamado *Memorias históricas,* escrito por uno de los primeros historiadores chinos, Sima Qian (c. 145-86 a. e. c.). En este libro, Sima abarca un periodo de unos 2.500 años. Aunque Sima Qian está considerado uno de los primeros historiadores chinos, las cosas de las que habla hay que tomarlas con sentido crítico; esto es muy similar a lo que ocurre con otros historiadores tempranos, como el griego Heródoto, cuyas *Historias,* aunque increíblemente interesantes y cautivadoras, no siempre son del todo fiables.

Quizá recuerde que la historia Shang comenzó con un gobernante llamado Tang. En un punto del libro de Sima Qian, escribe las siguientes palabras:

> «Después de T'ang, cuando el emperador T'ai-wu subió al trono de la dinastía Shang, una morera y una mora turca brotaron juntas en el patio de su palacio y en el espacio de una noche crecieron tanto que una persona no podía alcanzarlas con los brazos. El emperador se asustó, pero su ministro I Chih dijo: "¡Los malos augurios no pueden prevalecer sobre la virtud!" Entonces el emperador T'ai-wu se esforzó por aumentar la virtud en su gobierno y las dos moras murieron. I Chih elogió al emperador ante el chamán Hsien. Fue entonces cuando el chamán Hsien llegó al poder»[37].

Muchas generaciones después llegó otro líder Shang llamado Wu Ding. Sima Qian se refiere a él como alguien que restauró el estado Shang y fue apodado el «Gran Patriarca». Tenía un ministro, Fu Yiieh, un tema habitual en la historia de la China primitiva, en la que un rey suele tener un ministro muy importante que le ayuda a dirigir el gobierno. Sima a veces se refiere a Wu Ding como alguien que ayudó a restaurar el país Shang, lo que podría significar que hubo un periodo en el que la dinastía Shang se vio amenazada por enemigos externos o

---

[37] Qian, Sima. "Records of the Grand Historian of China". Disponible en: https://archive.org/stream/in.ernet.dli.2015.532974/2015.532974.records-of_djvu.txt

internos.

Por desgracia, los Shang experimentaron un declive similar al de los Xia antes que ellos, y esta vez, el destino de Shang estaba sellado. Según la leyenda, solo cinco generaciones después del virtuoso Wu Ding, el rey Wu-Yi fue en contra de la voluntad de los espíritus y, por esta fechoría, los cielos enviaron un trueno para matarlo. El último gobernante Shang, Di Xin, se refirió peyorativamente al emperador como Chou o Zhou, que puede significar grupa de caballo (por lo que es probable que este apodo fuera un insulto grave)[38]. Sima Qian tiene algunas palabras que decir sobre el emperador Zhou, afirmando que la gente veneraba a este emperador mientras vivía, pero después de su muerte, ¡la gente respetaba más a los simples campesinos!

Por desgracia, no sabemos exactamente cómo y por qué el emperador Zhou acabó siendo un depravado. Sima Qian nos dice que era «libidinoso», pero aparte de eso, no sabemos mucho más. Se han atribuido muchas historias al emperador Zhou, que le atribuyen todo tipo de actos inmorales. Sin embargo, es probable que se trate de historias falsas destinadas más a explicar la caída de Shang que a plasmar la realidad histórica.

---

[38] Una grupa es una especie de correa que rodea la cola del caballo y evita que la silla se deslice hacia delante. Debido a su posición, esta correa se contamina con excrementos, de ahí su connotación negativa.

Capítulo 7: La caída de la dinastía Shang

Los Shang sufrieron el mismo destino que el atribuido a los Xia: fueron derrocados por un vecino en ascenso. Y al igual que una gran batalla significó el fin de los Xia, otra gran batalla marcó el fin de los Shang: la batalla de Muye. Comparativamente, sabemos mucho más sobre la batalla de Muye que sobre la de Mingtiao. Esto se debe, por supuesto, a que la batalla de Muye es más reciente, ya que tuvo lugar en 1046 a. e. c. La batalla de Mingtiao tuvo lugar unos seiscientos años antes. En 1046 a. e. c., las culturas chinas ya habían adoptado el uso de la escritura.

La historia de la batalla de Muye es la siguiente. Mientras la sociedad Shang se sumía en la decadencia y el declive, surgió una nueva fuente de progreso, los Zhou. Vivían al oeste de los Shang, en la actual provincia de Shaanxi[39]. En el próximo capítulo hablaremos más a fondo de la cultura Zhou y de su desarrollo antes y después de convertirse en la cultura dominante en China. Es probable que los Zhou estuvieran cada vez más frustrados con su posición de vasallos en relación con los Shang. Los Zhou eran hábiles artesanos, tenían armas eficaces y una organización militar bastante buena. Era natural que empezaran a considerarse dignos de liderar el mundo chino. Por ahora, baste decir que hacia 1046 a. e. c., los Zhou y los Shang libraron una batalla decisiva. Liderados por el rey Wu, los Zhou se precipitaron hacia las

---

[39] LI, Xiaobing (ed.). "China at War: An Encyclopedia". ABC-CLIO, 2012.

principales ciudades Shang, contando con 45.000 soldados de infantería. Los Zhou también contaban con una caballería bastante desarrollada, alrededor de tres mil soldados de caballería. Los Shang eran mucho más numerosos, con 170.000 hombres, la mayoría esclavos[40]. Los Zhou atacaron directamente a la infantería Shang. Tras ver cómo sus élites eran diezmadas por los Zhou, los esclavos Shang se rindieron, y probablemente muchos de ellos desertaron al otro bando. El emperador Shang huyó y pronto se suicidó. El estado Shang quedó abolido, como dicen algunos investigadores, y surgió una nueva dinastía: la Zhou Occidental.

Los Shang fueron la primera cultura china que dejó rastros de un sistema de escritura algo organizado. Las inscripciones de los huesos de los oráculos son testimonio de un sistema de escritura extremadamente antiguo: solo los sistemas de escritura del antiguo Egipto y de los antiguos estados de Oriente Próximo (y quizá el sistema de escritura minoico lineal A, aún sin descifrar) son más antiguos. La era Shang nos proporcionó un sistema de escritura increíblemente complejo, que sirvió de base para los caracteres chinos modernos.

Han pasado cientos de miles (quizá incluso millones) de años desde la aparición de una nueva especie parecida a la humana que habitó la Tierra en busca de alimento y refugio. Durante miles y miles de años, las personas tuvieron estilos de vida relativamente similares, utilizaron herramientas de piedra relativamente sencillas, y cazaron y recolectaron los alimentos que pudieron encontrar. Luego, tras un periodo de unos pocos miles de años, aparecen evidencias de la Edad Nueva de la Piedra, con métodos más avanzados de procesamiento de la piedra, domesticación de animales, incepción de un estilo de vida sedentario y agricultura. Si añadimos unos miles de años más, nos encontramos en la Edad de Bronce. La gente aprendió a combinar diferentes metales para fabricar herramientas más duraderas. También se convirtieron en hábiles trabajadores agrícolas, artesanos y soldados. Como colofón a todos estos logros, los humanos inventaron el que quizá sea el mayor

---

[40] Al principio, los Shang no tenían esclavitud institucionalizada. Con el paso del tiempo, parece que dependieron cada vez más de los esclavos y, al final, lo pagaron caro. Podemos encontrar ejemplos similares de problemas relacionados con la esclavitud a lo largo de la historia. Esparta tuvo un gran problema en los periodos en los que los esclavos superaban drásticamente en número a la población libre. Roma fue testigo de muchas revueltas de esclavos, algunas de las cuales fueron extremadamente peligrosas para la estabilidad de la nación. En otras palabras, la esclavitud, además de ser extremadamente poco ética, resultó ser un plan de negocios poco inteligente.

invento de todos: los sistemas de escritura.

La naturaleza exponencial del desarrollo humano ya debería ser evidente. Pero al hablar de esto, también tenemos que ser conscientes del contexto histórico adecuado. Aunque el uso de sistemas de escritura es una increíble proeza intelectual para seres que nueve mil años antes solo sabían fabricar simples herramientas de piedra, el significado ritual de las primeras inscripciones es evidente. En China, las primeras inscripciones están inextricablemente ligadas al universo espiritual. Escribir algo era un acto de crear un futuro mejor, un acto de influir en la naturaleza impredecible. En este sentido, las primeras inscripciones chinas están impregnadas de lo mítico, religioso y espiritual. Sin embargo, la escritura no solo tenía este propósito. Las vasijas de bronce Shang también tienen escritura. Procedentes del periodo Shang tardío, estas inscripciones en vasijas de bronce tienen un carácter más bien práctico, aunque siguen impregnadas del mundo ritual. Nos hablan del nombre del clan de la persona que poseía el (probablemente prestigioso) vaso de bronce y también del nombre del artesano que lo fabricó[41].

Poco después del final de los Shang, los huesos de oráculo desaparecen casi por completo, y la escritura se encuentra en otros muchos contextos. Tal vez esto apunte a una de las razones por las que los Shang desaparecieron en primer lugar. No eran lo suficientemente prácticos y, una vez que llegaron a la cima, se estancaron. Los Zhou, quizá más prácticos en aquella época, aprovecharon su oportunidad e impulsaron a China hacia una nueva era de desarrollo.

---

[41] Boltz, William G. "Early Chinese Writing". *World Archaeology* 17, nro. 3 (1986): 420-436.

TERCERA PARTE:
LA DINASTIA ZHOU
(c. 1050-221 a. e. c.)

Capítulo 8: Dinastías Zhou occidental y oriental

Los Zhou (o Chou) no surgieron de la nada. Esta cultura existió y se desarrolló durante mucho tiempo antes de hacerse con el timón de China. Los primeros Zhou (c. 1400 a. e. c.) vivían en la meseta de Loess, una región árida al sur de la actual Mongolia. En el segundo milenio a. e. c., la meseta de Loess era esencialmente una estepa, con vegetación forestal aquí y allá. La altitud del lugar de residencia original de los Zhou era de unos mil metros sobre el nivel del mar. Con el tiempo, los Zhou empezaron a desplazarse hacia el sur y el este, llegando a regiones fértiles que rodeaban los ríos[42]. Es posible que los Zhou se vieran obligados a desplazarse hacia el sureste por dos grandes factores: las migraciones de nómadas procedentes del norte y la creciente aridez climática. Debido a estas razones, los Zhou decidieron buscar un mejor entorno para ellos, asentándose finalmente en la región de Fufeng (actual Shaanxi occidental), construyendo allí la capital Qiyi. Siguieron avanzando hacia el este y finalmente alcanzaron y derrocaron a la dinastía Shang unos mil años antes del nacimiento de Cristo.

---

[42] Huang, Chun Chang, Shichao Zhao, Jiangli Pang, Qunying Zhou, Shue Chen, Pinghua Li, Longjiang Mao, y Min Ding. "Climatic aridity and the relocations of the Zhou culture in the southern Loess Plateau of China". *Climatic Change* 61 (2003): 361-378.

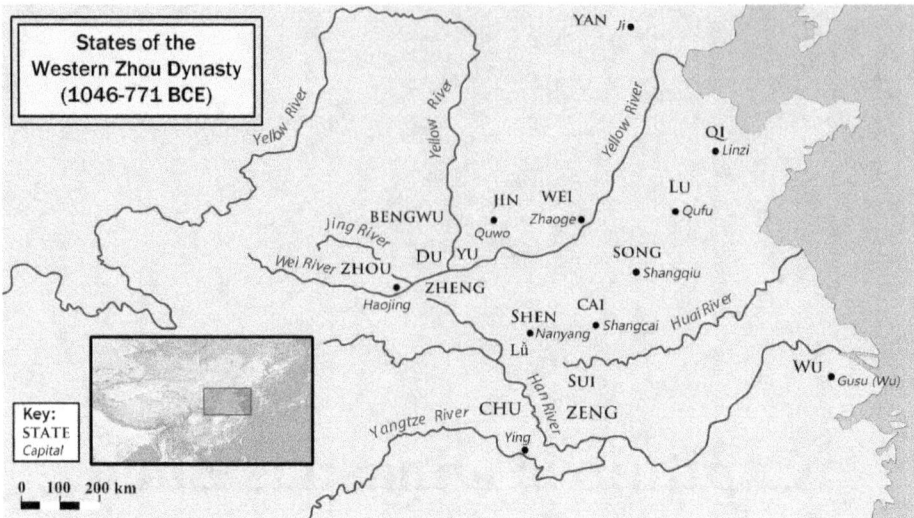

Mapa de Zhou occidental y sus vecinos. Nótese que esto es solo una estimación aproximada y que tuvo lugar durante un período bastante largo

Philg88, CC BY-SA 3.0 <https://creativecommons.org/licenses/by-sa/3.0>, vía Wikimedia Commons; https://commons.wikimedia.org/wiki/File:EN-WesternZhouStates.jpg

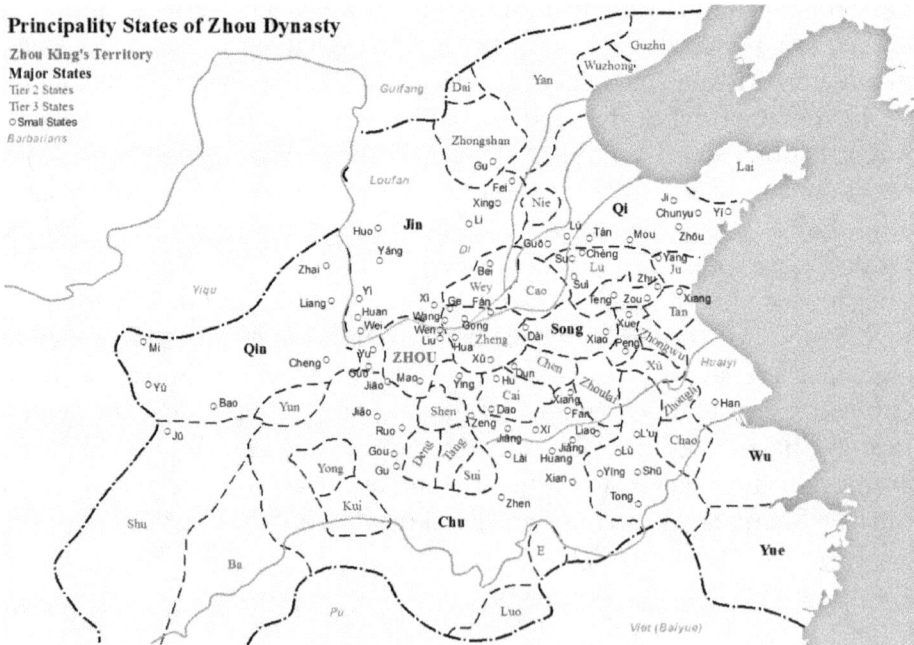

Mapa de los Zhou orientales y sus vecinos

SY, CC BY-SA 4.0 <https://creativecommons.org/licenses/by-sa/4.0>, vía Wikimedia Commons; https://commons.wikimedia.org/wiki/File:States_of_Zhou_Dynasty.png

Los Zhou adoptaron y modificaron el sistema de escritura Shang, y llevaron consigo a su deidad suprema, Tian, o el Cielo[43]. El mandato del cielo justificó el derrocamiento de los Shang, del mismo modo que el mandato del cielo supervisó el derrocamiento de los Xia por los Shang. Desde los primeros tiempos de los Zhou, encontramos vasijas de bronce con inscripciones relativas a este mandato del cielo o «Gran Mandato del Cielo».

Inicialmente, los Zhou se asentaron en las regiones más centrales de China, la ya mencionada provincia de Shaanxi. Sus ciudades más importantes allí fueron Zongzhou (Hao) y Fengjing (Feng o Fengxi), situadas en las orillas opuestas del río Feng, a veces denominadas colectivamente Fenghao. Es probable que los Zhou emanasen una especie de poder real desde sus prestigiosas ciudades, ejerciendo autoridad sobre las naciones vecinas de forma similar a los Shang.

Por desgracia para los Zhou occidentales, que es como nos referimos a este periodo inicial de la dinastía Zhou, sus vecinos no vieron razón alguna para no hacer lo mismo que los Zhou. Invadieron las ciudades ricas y asumieron el papel de líderes de la región. Finalmente, en 771 a. e. c., un grupo del norte, los Quan Rong, invadieron las ciudades Zhou occidentales y mataron al rey You (Gongsheng)[44]. Esta ocasión marca el final de los Zhou occidentales y el comienzo de los Zhou orientales.

Como siempre ocurre con las caídas de los grandes imperios, hubo muchos factores en juego para los Zhou occidentales. Es posible que los invasores occidentales los estuvieran alcanzando en tecnología, armamento y organización militar. Es probable que los Zhou occidentales se sintieran cómodos con su posición como fuerza regional y no realizaran los cambios necesarios para mantenerse en la cima.

El periodo Zhou oriental se caracteriza por la disminución de la autoridad central de la familia real y el ascenso de poderosos estados vecinos. Pero incluso los Zhou occidentales establecieron una especie de sistema feudal con sus estados vecinos subordinados, como Ba, Zheng y Yu[45]. Durante los Zhou orientales, la importancia y autonomía de los

---

[43] Rawson, Jessica. "Ordering the exotic: ritual practices in the late western and early eastern Zhou". *Artibus Asiae* 73, nro. 1 (2013): 5-76.

[44] Khayutina, Maria. "Western Zhou cultural and historic setting". *The Oxford Handbook of Early China* (2020): 365.

[45] Childs-Johnson, Elizabeth, ed. *The Oxford Handbook of Early China*. Oxford University Press, USA, 2020.

estados vecinos aumentó aún más en el transcurso del llamado periodo de Primavera y Otoño (771-481 a. e. c.). Con el periodo de los Estados combatientes (481-221 a. e. c.), las aspiraciones de las regiones vecinas se hicieron aún más prominentes, y el periodo terminó con la derrota total de los Zhou.

El ejército Zhou

Los Zhou deben su ascenso a su poderoso ejército. Los miembros de la élite de los Zhou estaban indisolublemente ligados al ejército y debieron de ser los líderes de las distintas unidades militares. Probablemente también se encargaban de abastecer a sus unidades con las provisiones necesarias. Es probable que los Zhou tuvieran ejércitos permanentes listos para actuar cuando fuera necesario. La habilidad del tiro con arco se tenía en gran estima, y se suponía que los miembros de la élite eran arqueros expertos. Además, se organizaban competiciones de tiro con arco y, durante el reinado del rey Mu, se fundó una especie de academia de élite para arqueros. La familia real entregaba regularmente hermosos arcos y flechas a individuos dignos como muestra de lealtad y destreza militar.

Gracias a los avances en la fabricación y procesamiento del bronce, los Zhou pudieron fabricar carros duraderos tirados por cuatro caballos (frente a los carros de dos caballos de los Shang). Los carros tenían fines simbólicos y prácticos. Se utilizaban como símbolo de riqueza y estatus, de forma parecida a la gente que hoy en día utiliza vehículos de gama alta para demostrar su estatus de élite. Sin embargo, los carros también tenían una finalidad muy práctica. Se formaban unidades militares de carros que causaban estragos entre las unidades de infantería enemigas. De hecho, hay pruebas de que los carros se consideraban tan peligrosos que los comandantes preferían destruirlos antes que caer en manos enemigas. Se puede establecer aquí una interesante conexión entre las guerras antiguas y las modernas[46]. De hecho, una de las afirmaciones implícitas de este libro es que las sociedades modernas no son esencialmente diferentes de las sociedades establecidas a partir del Neolítico.

Durante el periodo de los Zhou orientales, el uso del hierro se generalizó. Por ejemplo, las tumbas del periodo de los Estados combatientes escondían abundantes objetos de hierro, como armas y

---

[46] En 1940, los británicos hundieron la flota francesa atracada en Mazalquivir (entonces Argelia francesa) para evitar que cayera en manos alemanas.

objetos de lujo[47]. Aproximadamente del mismo periodo, también se desenterraron fundiciones de hierro (por ejemplo, en Hebei, en el centro este de China), que son testimonio de una producción organizada y sistemática de hierro en el siglo III a. e. c. Los estados de Wu y Chu poseen los vestigios más antiguos de uso y producción generalizados de hierro, con evidencias de procesos de fundición que se remontan al siglo V a. e. c. Curiosamente, las pruebas más antiguas del uso del hierro proceden de la época Shang o principios de la Zhou occidental, y se ha demostrado que estos artefactos de hierro tienen un origen meteorítico, lo que significa que llegaron literalmente del espacio. Los artefactos en cuestión son cabezas de hacha de bronce que fueron reforzadas con hierro.

Sin embargo, es bastante probable que la posterior producción de hierro en los estados de Wu y Chu y la propagación del hierro por toda China no estén relacionadas con el uso inicial del hierro meteorítico. Alrededor de tres siglos antes del nacimiento de Cristo, el hierro llegó a los Zhou y rápidamente sustituyó al bronce como metal más utilizado para producir diversos artículos. Es posible que hubiera otras fuentes de producción de hierro, posiblemente procedentes de las culturas esteparias del norte. De hecho, en Shaanxi se encontró una tumba del siglo VI a. e. c. que contenía espadas y cuchillos de hierro dorado. En esta época, los Zhou occidentales se habían desplazado hacia el este. La tumba también contenía pruebas que correspondían más a culturas esteparias. En otras palabras, debió de tratarse de un grupo cultural bajo la influencia tanto de la cultura esteparia como de la china.

En los primeros tiempos de la experimentación con el hierro (siglo VIII a. e. c.), este no era de buena calidad y debió de ser inferior al bronce. Posiblemente se utilizaba como decoración de armas de prestigio. Hasta el siglo VI a. e. c. no se produjo hierro más duradero en los estados meridionales de Wu y Chu. Las técnicas de herrería de Wu y Chu estaban relacionadas con la producción de herramientas agrícolas de bronce. Es posible que durante estos primeros tiempos, los productos de hierro fueran bastante quebradizos, aunque bastante resistentes al desgaste, en comparación con el bronce. Pero China no tendría que esperar mucho para perfeccionar la producción de hierro.

---

[47] Wagner, Donald B. "The earliest use of iron in China". BAR International Series 792 (1999): 1-9.

Los Zhou hicieron otros avances importantes, como el uso de la ballesta. La ballesta fue utilizada por los militares chinos durante el periodo de los Estados combatientes, que duró desde el siglo V hasta finales del III a. e. c.[48]. Presumiblemente, un hombre, Chi'in Shih, de un estado llamado Chu inventó la ballesta, probablemente durante el siglo VI a. e. c. La ballesta empezó a utilizarse de forma relativamente masiva, ya que fue adoptada por otros estados. Por ejemplo, los militares del estado de Qi también adoptaron la ballesta en la época de la batalla de Maling (341 a. e. c.), y fue gracias a las ballestas que ganaron la batalla contra el estado de Wei.

No hace falta decir que no era fácil fabricar una buena ballesta en aquella época, y debía de ser bastante cara. Por eso, solo los soldados elegidos y bien entrenados tenían la oportunidad de usar ballestas. En su mayor parte, los ejércitos chinos eran bastante parecidos a la infantería típica de la época[49].

---

[48] Cartwright, Mark. Crossbows en "Ancient Chinese Warfare". *World History Encyclopedia.*

[49] Tanto griegos como romanos utilizaron armas similares a las ballestas más o menos en la misma época. Los griegos tenían sus gastrafetes y los romanos sus grandes ballestas. No está claro si existe una conexión entre las armas tipo ballesta chinas y las europeas, como suele ocurrir con las antiguas conexiones entre Europa y el Lejano Oriente.

Capítulo 9: Desarrollo cultural

La evidencia histórica más importante del periodo Zhou viene en forma de vasijas de bronce con diferentes tipos de inscripciones. En este sentido, el descubrimiento de más de cien vasijas de bronce en un solo pozo por unos agricultores en 1977 cerca del monte Qi, en la región de Fufeng, fue decisivo, ya que proporcionó a arqueólogos y lingüistas abundante material con el que trabajar[50].

En concreto, se encontraron 103 vasijas de bronce y 74 tenían inscripciones. Al parecer, todas procedían de una misma línea de artesanos-escritores, la familia Wei. Se supone que la familia Wei se originó en la élite Shang, pero se integró en los Zhou después de que estos derrotaran a los Shang. Un recipiente de bronce en particular, una cacerola para el agua fundida por un hombre llamado Qiang, es especialmente interesante porque contiene lo que algunos historiadores consideran el primer intento consciente de escribir la historia en China. La cacerola es famosa entre los arqueólogos y suele denominarse «cacerola de Shi Qiang». Se supone que se fabricó hacia el año 900 a. e. c.

---

[50] Shaughnessy, Edward L. *Sources of Western Zhou history: inscribed bronze vessels.* Univ of California Press, 1992.

La famosa cacerola de Shi Qiang. A continuación se muestra la traducción de las inscripciones de la vasija. Obsérvese también el drástico progreso en la calidad de los objetos de bronce desde la época Erlitou hasta la Zhou. Se encuentra en el Museo del Bronce de Baoji

幽灵巴尼, *CC BY-SA 3.0 <https://creativecommons.org/licenses/by-sa/3.0>, vía Wikimedia Commons; https://commons.wikimedia.org/wiki/File:Shi_Qiang_pan.jpg*

A continuación, una parte de lo que estaba inscrito en la sartén:

«¡Conforme a la antigüedad fue el rey Wen! (Fue el primero en traer la armonía al gobierno. El Señor de lo Alto envió virtudes y gran seguridad. Extendiéndose a lo alto y a lo bajo, unió a los diez mil estados.

»¡Capturando y controlando fue el rey Wu! (Él) prosiguió y militó por los cuatro barrios, atravesando Yin y gobernando a su pueblo. Eternamente temeroso de los Di (los lejanos), oh, atacó a los secuaces de Yi.

»¡Ejemplar y sagaz fue el rey Cheng! A izquierda y derecha (él) echó y juntó su red y su línea, abriendo e integrando así el Estado Zhou.

»¡Profundo y sabio fue el rey Kang! (Él) dividió el mando y pacificó las fronteras.

»Vasto y sustancial fue el rey Zhao. (Él) domó ampliamente Chu y Jing; fue para conectar la ruta del sur.

»¡Reverente e ilustre fue el rey Mu! (Se) inspiró y siguió los grandes consejos»[51].

El escriba Qiang continúa con sus odas a la familia real Zhou y termina con una breve mención a sí mismo. Escribe sobre sus esperanzas de una larga vida adornada con riquezas, lo que le permitiría servir a los Zhou de la mejor manera posible.

En general, las inscripciones de las vasijas de bronce mencionan con regularidad a la familia real Zhou y el hecho de haber sido elegida para gobernar. Los gobernantes Zhou eran presentados como «estabilizadores» o «protectores» de su región. Al igual que los Shang, estaban conectados con las élites vecinas a través del matrimonio político. Parece que los reyes se consideraban los propietarios absolutos de todas las tierras; aunque tal vez fuera así, una vez concedidas las tierras a las élites, estas probablemente tenían un poder casi absoluto sobre ellas e incluso el derecho a intercambiarlas o venderlas.

La agricultura impregnó prácticamente todos los aspectos de la vida durante el periodo Zhou. No solo era una importante fuente de alimentos y riqueza, sino también la esencia de diversos rituales Zhou. A su vez, la correcta observancia de los rituales estaba relacionada con el bienestar de la familia real y de todo el Estado. Uno de los principales rituales era el arado ceremonial, en el que debían participar personalmente las élites. Una gran extensión de tierra llamada «Mil acres», según los textos antiguos, se dedicaba específicamente a estos fines rituales. Además, las vasijas de bronce eran una parte importante de los rituales y una conexión crucial entre la familia real y las élites. Es decir, los jefes de los estados vecinos debían demostrar su subordinación en rituales periódicos en la corte de Zhou y, a cambio, los reyes Zhou obsequiaban a sus «vasallos» con hermosas vasijas de bronce.

---

[51] Shaughnessy, Edward L. "Sources of Western Zhou history: inscribed bronze vessels". Univ of California Press, 1992, pág. 4.

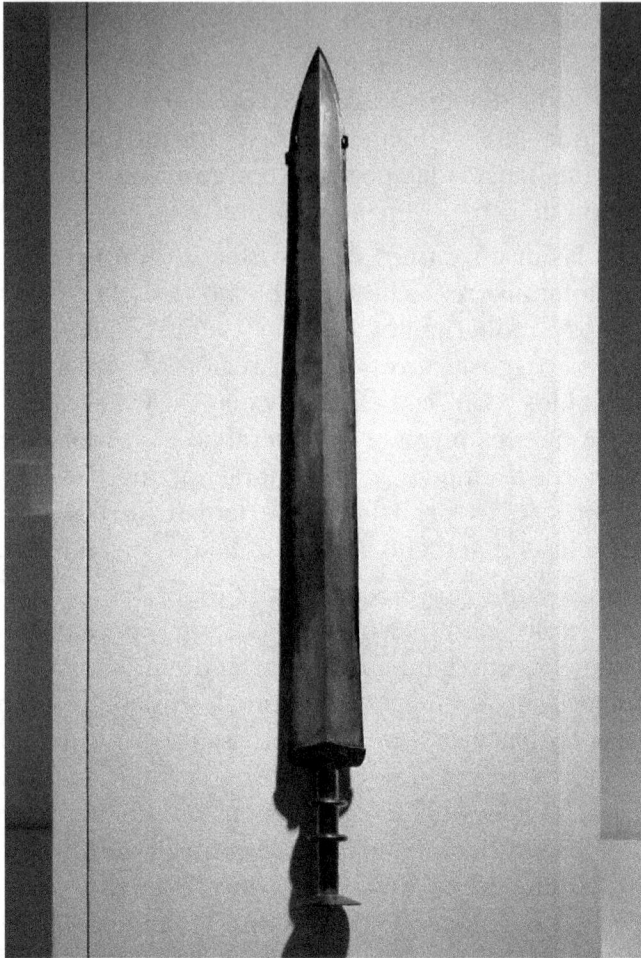

Espada de bronce de la dinastía Zhou oriental. La hoja aún está bastante afilada, lo que demuestra la perfección de la producción de bronce en el último periodo de los Zhou

Editor at Large, CC BY-SA 2.5 <https://creativecommons.org/licenses/by-sa/2..5>, vía Wikimedia Commons; https://commons.wikimedia.org/wiki/File:CMOC_Treasures_of_Ancient_China_exhibit_-_bronze_sword.jpg

A todos los efectos, los Zhou emanaban prestigio, lujo y dominio. Fueron capaces de acumular grandes cantidades de riqueza y la utilizaron para asegurar su propio estatus. Empezaron a surgir mujeres poderosas que debían su influencia a su riqueza y estatus social y no necesariamente a su destreza militar. Por ejemplo, la reina Wang Jiang parece haber sido muy influyente en la corte, ya que dirigió diversas actividades políticas y relaciones de la casa real. En otras palabras, las mujeres durante el periodo Zhou no eran simplemente moneda de cambio o garantía de conexiones entre los Zhou y sus vecinos.

Evolución filosófica

En el transcurso de la era Zhou, especialmente durante el periodo de Primavera y Otoño y el periodo de los Estados combatientes, se desarrollaron muchas escuelas filosóficas de pensamiento. Los eruditos a veces se refieren al periodo entre 550 y 200 a. e. c. como las «Cien escuelas de pensamiento» o los «Cien filósofos»[52].

Confucio es, con diferencia, el filósofo más conocido de este periodo, y demostró ser una de las influencias más importantes en la filosofía china en general, de forma parecida a como Platón y Aristóteles moldearon la filosofía europea. Confucio creía firmemente en el liderazgo benévolo y apreciaba el ideal del «rey-sabio» personificado en los legendarios emperadores de la China prehistórica[53]. Una de las ideas de Confucio era la virtud personal. La virtud de un gobernante absoluto debía transpirar a toda la comunidad, lo que significaba que si el gobernante era virtuoso, la gente a la que dirigía estaría dispuesta a acatar las normas y ser buenos súbditos.

Confucio no nació en el estado de Zhou. Procedía del estado de Lu (actual provincia de Shandong), uno de los estados (nominalmente) subordinados a Zhou. Nació alrededor del año 551 a. e. c. Confucio dominaba una serie de habilidades y artes que se consideraban esenciales en la época, como la música, el tiro con arco, la caligrafía, la aritmética y las cuadrigas. Debía de conocer de memoria numerosas obras de arte y ciencia, algo que, en general, era imprescindible para los eruditos de la Antigüedad. Confucio fue también uno de los primeros maestros de China. Seguramente hubo muchos maestros antes que él, pero Confucio fue probablemente uno de los primeros en elegir conscientemente este modo de vida, con el objetivo de mejorar a los individuos y a la sociedad en su conjunto. Una de las formas de hacerlo era enseñar a los hijos de la nobleza y mejorarlos como personas, proporcionando así la base para un liderazgo justo y virtuoso.

El método de Confucio contrastaba con el de los ermitaños, que también eran conocidos como sabios, pero optaron por abandonar la sociedad. Confucio quería mejorar su sociedad y participaba

---

[52] Tu, Wei-Ming. "Confucius and Confucianism". Confucianism and the Family: A Study of Indo-Tibetan Scholasticism (1998): 3-36.

[53] Es una increíble coincidencia que Platón escribiera su famosa *República*, donde también formuló sus ideas sobre líderes benévolos y reyes-sabios, más o menos durante el mismo periodo que Confucio.

intensamente en los debates políticos de la época. Participó en las obras públicas del gobierno y fue ministro de Justicia. Tras servir al estado de Lu durante algún tiempo, abandonó su estado natal, algo desilusionado por el estilo de vida real de la élite de Lu. Recorrió China, y gracias a ello llegó a ser muy conocido, incluso en sus días. A su muerte (c. 479 a. e. c.), acumulaba unas tres mil personas que se definían como sus seguidores.

Una de las escrituras confucianas más importantes, las *Analectas*, recoge el discurso y el razonamiento de Confucio tal y como debieron de recibirlo sus seguidores. En las *Analectas*, nos encontramos con Confucio, que está muy cerca de ser un santo (a menudo fue venerado como tal por la población china en los siglos venideros). En este sentido, Confucio es similar a Sócrates. Ambos eran vistos como algo más que sabios y hombres con un increíble dominio sobre sí mismos. Al igual que Sócrates, Confucio no ejercía su influencia intelectual sobre sus seguidores; su influencia espiritual era igual de importante.

Confucio tenía una mente vigorosa e inquisitiva, y siempre estaba pensando en formas de mejorar y aprender cosas nuevas. En las *Analectas*, dice:

> «Son estas cosas las que me preocupan: la incapacidad de cultivar la virtud, la incapacidad de profundizar en lo que he ganado, la incapacidad de avanzar hacia lo que he oído que es correcto y la incapacidad de reformarme cuando tengo defectos»[54].

Aproximadamente en la misma época, surgió un homólogo del confucianismo llamado taoísmo. Mientras que el confucianismo se ocupaba de cuestiones concretas como vivir en un estado, mejorar y ser virtuoso, el taoísmo se ocupaba más de la filosofía de la naturaleza. El taoísmo es un conjunto increíblemente complejo de puntos de vista religiosos y filosóficos, y se desarrolló durante siglos. En lugar de profundizar en la diversidad de las enseñanzas del taoísmo y su desconcertante historia, solo señalaremos que es, en cierto modo, más esotérico que el confucianismo, ya que trata de los principios subyacentes de todo el universo.

Los legalistas eran otro grupo de antiguos intelectuales chinos que contrastaban con los confucianos y los taoístas. Los legalistas se vieron influidos por la inestabilidad política del periodo de los Estados

---

[54] Tu, Wei-Ming. "Confucius and Confucianism", pág.11.

combatientes y formularon justificaciones para los sistemas autocráticos. Por ejemplo, los legalistas estaban detrás del régimen autocrático del estado Ch'in, que, a su vez, sirvió de base para el establecimiento del imperio y el fomento de la posición del emperador. Los legalistas daban consejos prácticos sobre la vigilancia de la población y el castigo de las acciones contrarias al gobierno.

Consideremos el siguiente extracto de la obra de Li Si, que se basó en gran medida en los fundadores de la escuela de pensamiento legalista, Shen-tzu y Han-tzu:

> «Solo los gobernantes sabios son capaces de tratar con severidad a quienes cometen delitos menores, [dejando claro que] incluso los delitos menores son castigados severamente y que mucho más severamente se trataría a quienes cometen delitos mayores. En consecuencia, el pueblo no se atreve a transgredir... Como un soberano sabio gobierna autocráticamente, la autoridad no reside en manos de sus ministros. Solo así puede borrar el camino de la virtud, amordazar las bocas de la elocuencia rápida, frenar los actos de los hombres de espíritu elevado, mantener el imperio en la ignorancia y ejercer por sí solo sus facultades de ver y oír»[55].

En otras palabras, los legalistas se preocupaban por fomentar el gobierno central y la posición del gobernante supremo. En su opinión, el poder debía ser mucho más personal y concentrarse en las manos de un solo hombre. Es fácil sentirse consternado ante tales palabras, pero hay que situarlas en su contexto histórico. Durante el periodo de los Estados combatientes, muchos estados chinos lucharon por la supremacía. Este periodo determinó quién dirigiría China en los siglos venideros. En tales circunstancias, los legalistas proporcionaron la base filosófica para el florecimiento de las tendencias imperiales y absolutistas, ya que creían que un único gobernante centralizado sería el único capaz de poner fin a las guerras civiles.

Hubo otra importante aportación intelectual a la cultura china durante esta época: *El arte de la guerra* de Sun Tzu, probablemente uno de los libros más famosos jamás escritos. Sun Tzu vivió en el siglo VI a. e. c., justo antes del periodo de los Estados combatientes. *El arte de la guerra* muestra lo mucho que había progresado la guerra, incluso antes del periodo de los Estados combatientes, época en la que China ya debía

---

[55] Hsiao, Kung-chuan. "Legalism and autocracy in traditional China". *Chinese Studies in History* 10, nro. 1-2 (1976): 125-143.

de haber sido testigo de numerosos conflictos armados. Desde principios del Neolítico hasta la Edad de Hierro, la gente tardó algún tiempo en perfeccionar el arte de la guerra organizada. Los principales incentivos para la guerra —obtención de nuevas tierras y riquezas, desarrollo de armas sólidas y lucha por el prestigio— convergieron hacia la segunda mitad del primer milenio a. e. c. en China, y se preparó el escenario para una gran guerra, que determinaría el futuro de China. Pero antes de pasar a describir este periodo (el final de los Zhou y el surgimiento de los Qin), nos centraremos brevemente en *El arte de la guerra*, que nos dará una buena base para pensar en el periodo de los Estados combatientes.

Las primeras palabras de Sun Tzu en *El arte de la guerra* son: «El arte de la guerra es de vital importancia para el Estado»[56]. Sin embargo, este libro no es una oda a la guerra. Es una guía muy racional y práctica sobre cómo hacer la guerra y, lo que es más importante, cómo evitar la batalla cuando sea posible. Por ejemplo, Sun Tzu nos dice que, siempre que sea posible, es mejor evitar sitiar ciudades amuralladas. La preparación de un asedio lleva mucho tiempo, y luego un ejército necesitará aún más tiempo para intentar entrar en la ciudad, por ejemplo, haciendo un montículo contra las murallas. Además, nos dice que siempre es mejor tomar un país manteniéndolo intacto, y que es mejor capturar a un grupo de soldados que combatir contra ellos.

También nos aconseja cuántos kilómetros puede recorrer un ejército al día, y cuándo y cómo deben marchar los hombres sin la mayor parte de su equipo para poder moverse más rápido. Sun Tzu también valoraba el reconocimiento adecuado; creía que ningún ejército debía desplazarse a ninguna parte antes de haber investigado debidamente el terreno. Además, Sun Tzu habla positivamente del uso de distintos tipos de señales, como banderas, estandartes, señales de fuego y tambores, para mantener el control del ejército.

El arte de la guerra de Sun Tzu es, en cierto modo, una colección de dichos vagamente relacionados, cada uno de ellos de unas pocas líneas. En otras palabras, no se trata necesariamente de un sistema completamente coherente para dirigir un ejército, sino más bien de una colección de sabias afirmaciones que cualquier general debería tener en su memoria. Una de nuestras frases favoritas de este libro es: «Cuando

---

[56] Tzu, Sun. El arte de la guerra. Disponible en: https://sites.ualberta.ca/~enoch/Readings/The_Art_Of_War.pdf

rodees a un ejército, deja una salida libre. No presiones demasiado a un enemigo desesperado». Se trata de una afirmación increíblemente concisa pero rica, pertinente no solo para la guerra, sino también para las relaciones humanas en general. Esta es la razón por la que la obra de Sun Tzu es admirada incluso hoy, unos 2.500 años de desarrollo militar después. No solo era partidario de un buen reconocimiento, sino también del uso de espías. Es en este punto donde aflora el espíritu sensato y práctico de Sun Tzu: «El conocimiento de las disposiciones del enemigo solo puede obtenerse de otros hombres». Según Sun Tzu, el mundo espiritual no tiene cabida en la guerra. Con demasiada frecuencia, los presagios y las profecías resultan no ser ciertos.

Capítulo 10: Caída de la dinastía Zhou

En el siglo V a. e. c., la autoridad de los Zhou se desmoronaba. Inversamente, la influencia de los estados Han, Wei y Zhao aumentaba, y los Zhou se vieron obligados a reconocer oficialmente a estos tres estados para que pudieran tomar parte más activa en la defensa de los Zhou en sus constantes luchas contra los invasores del norte y del oeste, como los Xiongu y Loufan que amenazaban a los Zhou y a otros estados chinos desde el norte o los Qiang que venían del oeste. Cuando los ejércitos de estos (y otros) estados se hicieron lo suficientemente fuertes, y en el momento en que los Zhou ya no pudieron obligar a los estados vecinos a someterse, comenzó el periodo de los Estados combatientes. Fue una especie de batalla campal que duró siglos[57]. A medida que el siglo IV a. e. c. ponía un pie en la escena de la historia, surgieron otros cuatro estados: Qi, Qin, Chu y Yao. Había muchos otros estados más pequeños, pero los tres mencionados antes (Han, Wei y Zhao), junto con Qi, Qin, Chu y Yao, eran los más poderosos y tendían a absorber a los más pequeños. Las alianzas, treguas, escaramuzas y guerras abiertas fueron muy numerosas, de ahí el nombre del periodo.

La escala de la guerra en este periodo es asombrosa y probablemente incomparable con casi todo lo que ocurría en Europa durante

---

[57] Cartwright, Mark. Warring States Period. *World History.* Disponible en: https://www.worldhistory.org/Warring_States_Period/

aproximadamente el mismo periodo[58]. El tamaño de los ejércitos y las batallas en este periodo nos muestra dos cosas: la increíble fertilidad de la tierra china y el alto desarrollo civilizacional de China, que era capaz de alimentar, armar y, en algunos casos, pagar a muchos soldados. Es posible que en algunos estados, por ejemplo, Qi y Qin, el número de soldados de infantería se aproximara al millón.

Los Qin eran aliados de los Zhou, que de algún modo se aferraron a su antigua gloria durante la mayor parte del periodo de los Estados combatientes. En el siglo IV a. e. c., los Qin aún defendían (hasta cierto punto) los intereses del moribundo estado Zhou. Pero pronto, ellos también se volverían contra sus antiguos amos. Muchos otros estados tenían ambiciones similares a las de los Qin. Los grandes Zhou eran cada vez más débiles, y el poder simplemente estaba esperando a que alguien lo suficientemente digno llegara para arrebatárselo.

Los Zhou fueron extremadamente importantes para el desarrollo de la cultura china. Las ciudades Zhou sirvieron como centros de desarrollo cultural. Los Zhou lograron importantes avances y sus grandes ciudades sirvieron de lugar de encuentro de diferentes influencias culturales, formando poco a poco la cuna de la cultura china. Esto se materializó finalmente en forma de un precario equilibrio entre la autoridad de los Zhou orientales y los estados vecinos en desarrollo, que, al cabo de un tiempo, hicieron su propia gran entrada en la historia. Los Zhou heredaron la cultura del bronce de los Shang y concedieron a sus sucesores una cultura del hierro bien desarrollada.

---

[58] Heródoto, por ejemplo, da cifras muy elevadas para las guerras greco-persas (siglo V a. e. c.), mientras que los historiadores modernos tienden a ser críticos con los cientos de miles de persas que supuestamente invadieron Grecia. En épocas posteriores, quizá fuera más probable el número de combatientes de las guerras púnicas, que contaron con decenas de miles de soldados en cada bando, aunque Polibio, nuestra principal fuente para las guerras púnicas, a veces exagera.

CUARTA PARTE:
LA DINASTÍA QIN
(221-206 a. e. c.)

Capítulo 11: Auge de la dinastía Qin y Qin Shi Huangdi

Aunque la dinastía Qin duró bastante menos que las anteriores, fue muy importante para el desarrollo del concepto de «imperio» y de «emperador». Los Qin iniciaron la larga tradición de emperadores chinos.

Pero empecemos por lo básico. Los Qin estaban situados, a grandes rasgos, en la zona controlada anteriormente por los Zhou (la actual provincia de Shaanxi). Es muy difícil especular sobre la etnia de los Qin, aunque es probable que al principio se lo considerara bárbaros, pero poco a poco fueron adoptando los logros culturales de los Zhou (y de otros estados) y también trabajaron en sus propios logros culturales.

Como ya se ha mencionado, al principio fueron aliados de los Zhou, y el duque Xin, gobernante de Qin en el siglo IV a. e. c., recibió su título de manos de los Zhou por proteger sus intereses. Los gobernantes Qin también estuvieron muy influidos por la tradición legalista, que proporcionó una especie de respaldo ideológico a las posteriores expansiones territoriales. Pero en el siglo III a. e. c., los Qin habían iniciado conflictos con los Zhou, y estos se apoderaron de lo que quedaba de los Zhou hacia el 260 a. e. c..

Zheng ascendió al trono Qin en 246 a. e. c. cuando solo tenía trece años. Era hijo del rey Qin y de una concubina que el rey había conocido durante su cautiverio en el estado de Zhao. Podría parecer que Zheng era un sucesor poco probable por ser hijo de una concubina, pero el linaje real directo no era lo único importante en las dinastías chinas, y las concubinas tuvieron una importante influencia en la vida de muchos emperadores.

Ocho años después de que Zheng ascendiera al trono, en el 234 a. e. c., Li Si fue nombrado primer ministro Qin. Los Qin contaban ahora con dos caballeros muy capaces y ambiciosos al mando. Impulsados por la reciente subyugación de los Zhou, los Qin pasaron a subyugar otros estados importantes, como Han (230 a. e. c.), Wei (225 a. e. c.), Yan (222 a. e. c.) y Qi (221 a. e. c.). Siglos de conflictos civiles, unidos a un vacío político e ideológico que iba aflorando a medida que los Zhou se debilitaban, dieron cabida a un sistema político y una ideología diferentes. El legalismo, fundamento ideológico de los Qin, que favorecía el control dictatorial y centralizado de los estados subordinados y la formación de un culto a la personalidad, era un producto muy lógico del periodo de los Estados combatientes. Tras siglos de conflictos, innumerables alianzas rotas y treguas inestables, el legalismo llegó como un soplo de aire fresco y un heraldo de una nueva estabilidad.

Qin no fue el único estado que vio con buenos ojos a los juristas; otros estados también comprendieron la importancia de esta nueva corriente de pensamiento. Pero los Qin tenían un poder tanto simbólico como real manifestado en su sometimiento de los Zhou y su poder militar, que, unidos a la estricta ideología legalista, fueron suficientes para la formación del primer Imperio chino.

Además, no es casualidad que el joven Zheng de Qin se convirtiera en el primer emperador chino. A menudo, vemos una insondable e insaciable sed de control en las personas que ascienden al poder cuando son jóvenes. Es como si quienes son venerados y temidos por sus subordinados no tuvieran otro camino en la vida que perseguir su grandiosidad. A veces, esto se traduce en libertinaje, vicio y decadencia absoluta. Pero Zheng era de otra clase. Era un líder capaz con grandes aspiraciones, convertirse en el primer emperador chino. Sima Qian, que no era nada favorable a Zheng, a veces se refería a él como «poseedor de la mente de un tigre o un lobo»[59]. Sima Qian resumió muy bien la época de los Qin como el «mundo de bronce», en alusión al poder predominante de las armas sobre la cultura. Sima Qian yuxtapuso el

---

[59] Feng Kai & Liu Lu, "The stigmatized Qin Shihuang and the formation of Han culture". Qin Han studies, 2019 (00), págs.297-306.

«mundo del bronce» al «mundo del bambú», un mundo de cultura, conocimiento y moral. Mientras que el bronce se utilizaba para fabricar armas, el bambú era una importante fuente de material de escritura, de ahí su asociación con la cultura[60].

Como hemos visto, en el año 221 a. e. c., todos los demás estados beligerantes habían caído bajo el control de los Qin. El líder de los Qin, Zheng, se convirtió en el primer emperador chino, obteniendo el título de Shi Huangdi, que literalmente significa el «primer emperador». Su forma de tratar a los estados vecinos era muy diferente a la de los Zhou con sus vasallos. Shi Huangdi ordenó el desarme completo de los estados sometidos. Las armas se recogían, no sin ocasionales disputas y disturbios, y se llevaban a la capital de Qin (Xianyang). Las armas se fundían y se utilizaban para fabricar objetos, como campanas y estatuas.

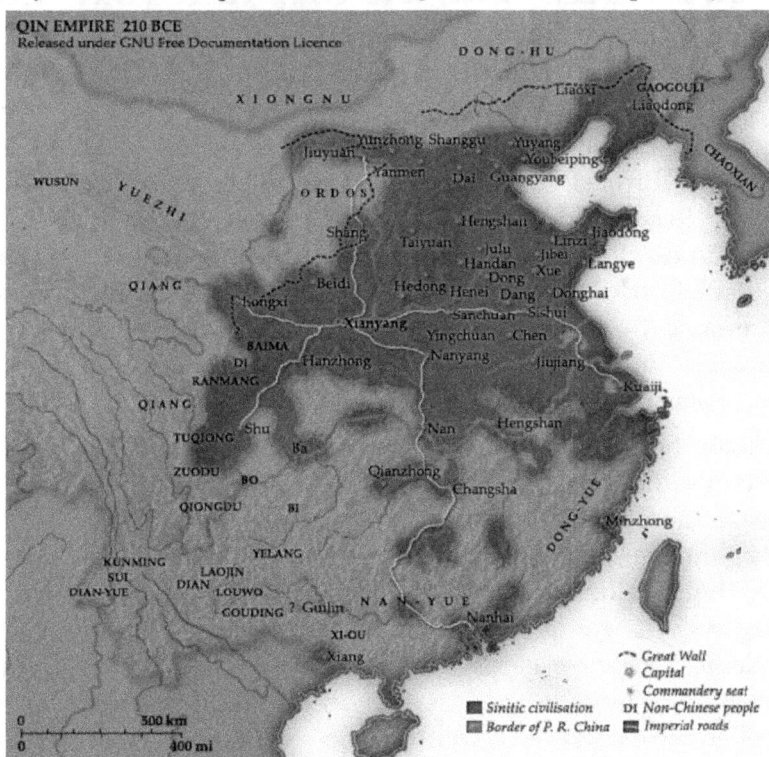

Mapa de la dinastía Qin en su apogeo

I, PHGCOM, CC BY-SA 3.0 <http://creativecommons.org/licenses/by-sa/3.0/>, vía Wikimedia Commons; https://commons.wikimedia.org/wiki/File:QinEmpireWithOrdos.jpg

[60] Berkowitz, Alan. "Worlds of Bronze and Bamboo: Sima Qian's Conquest of History". (2001): 600-606.

Capítulo 12: La expansión de China y la caída de la dinastía Qin

El emperador Zheng no se detuvo en la «unificación» de China o, mejor dicho, en la formación del primer Imperio chino. Conquistó nuevas tierras que habían sido consideradas «bárbaras» por la esfera cultural Zhou. Poco después de convertirse en emperador, lanzó una invasión del actual sur de China. El escenario de prácticamente todos los acontecimientos relatados hasta ese momento era el actual centro-norte de China. Pero con el emperador Zheng, el imperio amplió sus fronteras hacia el sur.

También hubo conquistas septentrionales cuyo objetivo principal era acabar con el eterno problema chino de las invasiones del norte. Estas conquistas fueron un requisito previo para la construcción de la Gran Muralla china y estuvieron dirigidas por una persona muy importante, el general Meng Tian, nombrado directamente comandante en jefe por el emperador. Es cierto que durante el periodo de los Estados combatientes, varios estados empezaron a construir grandes murallas defensivas para impedir que las fuerzas enemigas entraran en el país. Meng Tian probablemente tomó lo que ya había y construyó nuevas fortificaciones, estabilizando el imperio, al menos contra un enemigo externo.

Sin embargo, internamente había muchas luchas. Como suele ocurrir cuando muere un líder fuerte, carismático y con autoridad, es difícil ocupar su lugar, sobre todo cuando la corte está llena de individuos traicioneros. Qin Shi Huangdi murió en el 210 a. e. c. a causa de una enfermedad; tenía entonces unos cincuenta años. Aunque logró evitar múltiples intentos de asesinato, no pudo huir del destino. Algunos historiadores creen incluso que deseaba encontrar el elixir de la vida eterna, que fue lo que lo mató, ya que se pensaba que el mercurio era un ingrediente importante. Es posible que Qin Shi se envenenara con mercurio, lo que acabó prematuramente con su vida.

Cuando el emperador Zheng murió en 210 a. e. c., no le sucedió Fusu, su hijo mayor, sino su segundo hijo mayor, Ying Huhai, más tarde conocido como Qin Er Shi («Qin el Segundo»). Es probable que un hombre muy poderoso y anterior consejero y canciller del emperador Zheng tuviera algo que ver en esto. Su nombre era Li Si. Posiblemente fue una de las personas más importantes en el establecimiento del imperio y en los cambios administrativos y de gobierno que fueron necesarios para dicho establecimiento[61]. Es probable que él desempeñara un papel en los dudosos acontecimientos que se produjeron justo después de la muerte del primer emperador, es decir, las muertes del hijo mayor del emperador, Fusu, y del comandante militar Meng Tian. Li Si también participó en el nombramiento de Ying Huhai como emperador. El sucesor más joven debía de ser más fácil de controlar que el hermano mayor. Huhai debía de tener su propio interés en convertirse en emperador independientemente de Li Si, por lo que no debemos rechazar a Huhai como un factor importante en la destitución de Fusu y Meng Tian, aunque estos hechos quedarán desgraciadamente empañados por la bruma del tiempo.

Por desgracia para Li Si, otras personas ambicionaban su puesto como canciller del imperio, y fue ejecutado cuando el nuevo canciller, Zhao Gao, levantó varios cargos contra él, incluido el cargo capital de traición, en el año 208 a. e. c. Por su parte, Zhao Gao consiguió destituir a Qin Er Shi. El emperador corrió la misma suerte que su hermano mayor y Meng Tian, ambos obligados a suicidarse. Qin Er Shi se suicidó en 207 a. e. c.

Ziying (o Liying) llegó al trono no como emperador, sino como rey bajo la atenta mirada de Zhao Gao. Esto nos muestra hasta qué punto se redujo la influencia de los Qin tras la muerte del primer emperador. Su relación exacta con los emperadores anteriores no está clara, y podría

---

[61] Kulmar, Tarmo. "On the nature of the governing system of the Qin Empire in ancient China". *Folklore: Electronic Journal of Folklore* 59 (2014): 165-178.

haber sido hijo de Fusu, hermano del segundo emperador o sobrino del primero[62]. Ziying hizo asesinar a Zhao Gao pocos días después de ser nombrado rey. Pero Ziying no gobernó mucho tiempo (según algunas fuentes, solo gobernó 46 días).

Los vecinos de los Qin, recién subyugados por estos, aprovecharon su oportunidad y atacaron al debilitado imperio. El líder Han, Liu Bang, penetró en territorio Qin y derrotó al ejército imperial. La vida de Ziying fue perdonada, pero no vivió mucho tiempo, ya que otro importante señor de la guerra, Xiang Yu de los Chu, hizo ejecutar a Ziying y a toda su familia en el 206 a. e. c.

[62] Goldin, Paul Rakita, ed. *Routledge Handbook of Early Chinese History*. Routledge, Taylor & Francis Group, 2018. pág. 146-159.

Capítulo 13: Desarrollo cultural

Bajo el liderazgo de Li Si, los asuntos económicos básicos se pusieron en orden. Por ejemplo, Li Si anunció la estandarización del sistema de acuñación de monedas, así como de los sistemas de peso y medida, estrechamente relacionados. Los estados chinos habían tenido antes sus propias monedas de diversos tipos, pero fue a partir del 221 a. e. c. y con Li Si cuando se inició una producción organizada y sistemática de monedas, pesos y medidas estandarizados. Además, Li Si (o su gobierno) comprendió la importancia de estandarizar el sistema de escritura, lo que permitió una comunicación escrita más fluida dentro del vasto imperio.

Estos factores sirvieron de base para un periodo relativamente corto de bienestar económico durante el primer Imperio chino. Tras siglos de conflictos, la población pudo por fin disfrutar de la paz y acumular riqueza. No hace falta decir que el propio imperio se benefició de ello y puso en marcha importantes proyectos, como la mencionada Gran Muralla. Los Qin no construyeron la Gran Muralla tal y como es hoy. Pero el concepto de la Gran Muralla y las construcciones iniciales (aunque muy grandiosas), que en su momento debieron bastar para mantener alejados a los invasores, fueron iniciadas por los Qin y, más concretamente, por el primer emperador.

Durante el periodo de los Estados combatientes, los Qin dominaron el empleo de grandes masas de población con fines militares. Entonces emplearon las grandes masas de gente para construir la Gran Muralla. En realidad, la construcción de la Gran Muralla no era mucho más segura que la guerra, y es probable que miles de personas murieran por verse obligadas a trabajar en ella.

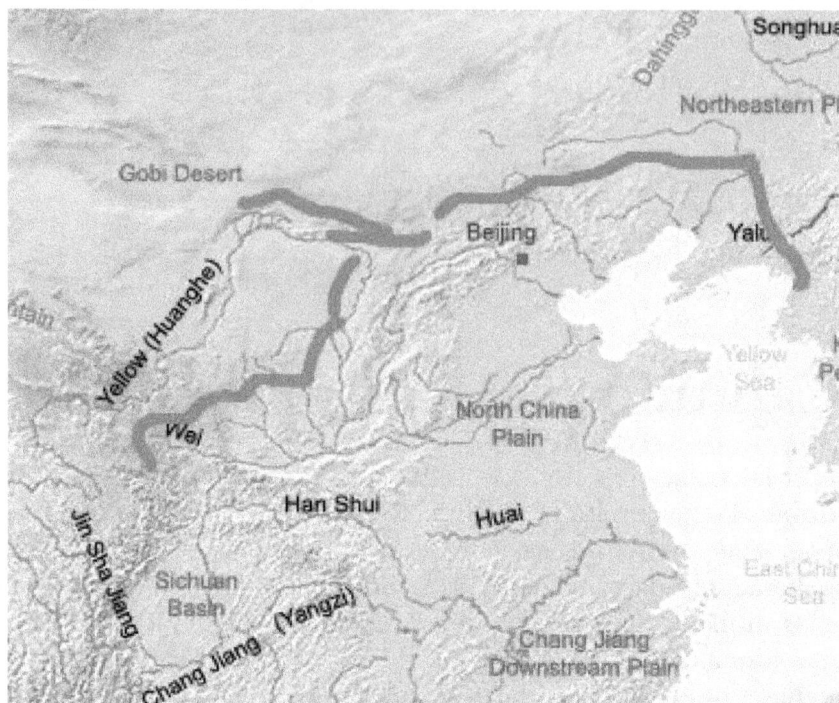

Murallas construidas durante la dinastía Qin como primera línea de defensa contra las invasiones extranjeras. Los primeros cimientos de algunas de estas murallas son más antiguos que la dinastía Qin

Ksyrie en la Wikipedia en inglés, CC BY-SA 3.0 <http://creativecommons.org/licenses/by-sa/3.0/>, vía Wikimedia Commons; https://commons.wikimedia.org/wiki/File:GreatWallofQinDynasty.png

Recordamos a los Qin por otro gran proyecto: los famosos Guerreros de terracota. Es seguro decir que el primer emperador quería prolongar su vida y su fama todo lo que pudiera. Tras fracasar en su intento de encontrar el elixir de la vida, quería que su vida después de la muerte fuera lo más gloriosa posible[63]. Se encontraron varios miles de soldados de arcilla cocida enterrados junto al primer emperador. Los soldados debieron de fabricarse con diversos moldes, pero sería exagerado decir que todos y cada uno de ellos son únicos. Más bien, los artesanos debieron de idear un sistema para fabricar varios soldados diferentes variando una serie de características fijas.

---

[63] Fiskesjö, Magnus. "Terra-cotta Conquest: The First Emperor's Clay Army's Blockbuster Tour of the World", pág. 166.

Los famosos Guerreros de terracota del primer emperador situado en el mausoleo del primer emperador, actual provincia de Shaanxi

Zossolino, CC BY-SA 4.0 <https://creativecommons.org/licenses/by-sa/4.0>, vía Wikimedia Commons; https://commons.wikimedia.org/wiki/File:2015-09-22-081415_-_Terrakotta-Armee,_Grosse_Halle.jpg

Un guerrero de terracota. Obsérvese la minuciosidad de los detalles, sobre todo teniendo en cuenta el número de soldados desenterrados

Shankar S. de Dubái, Emiratos Árabes Unidos, CC BY 2.0 <https://creativecommons.org/licenses/by/2.0>, vía Wikimedia Commons; https://commons.wikimedia.org/wiki/File:I_was_impressed_with_the_life-like_expression_(35300697030).jpg

Un carro de bronce también encontrado en el mausoleo del primer emperador

Zossolino, CC BY-SA 4.0 <https://creativecommons.org/licenses/by-sa/4.0>, vía Wikimedia Commons; https://commons.wikimedia.org/wiki/File:2015-09-22-091227_-_Museum_der_Grabanlage_des_Qin_Shi_Huangdi.jpg

La tumba en sí es compleja e ilustre, un elogio perfecto para el poderoso emperador. El emperador fue enterrado con varios compañeros del mundo real. Sima Qian habla de la tumba y menciona que estaba llena de peligrosas trampas para los intrusos. Al parecer, había un gran cuerpo de mercurio escondido en algún lugar de la tumba, esperando a los intrusos. Curiosamente, no hay menciones a los soldados de terracota, ni en los textos de Sima Qian ni en otros. Por eso no podemos aceptar que todos los soldados de terracota fueran obra del emperador Shi Huangdi. Por supuesto, no iríamos tan lejos como para afirmar que son falsos ni nada por el estilo, pero debería haber cierto grado de crítica objetiva con respecto a este fascinante hallazgo arqueológico, al igual que debería haberlo con cualquier hallazgo arqueológico.

Capítulo 14: El fin del feudalismo

Cuando el legalismo se convirtió en la base de la dinastía Qin, se produjo inevitablemente el fin del feudalismo. Los estados vecinos dejaron de ser considerados como vasallos algo independientes para convertirse en partes integrantes del primer Imperio chino. En otras palabras, la unidad del Estado era de suma importancia; no había espacio para divisiones ni voces discrepantes[64]. La importancia de un gobernante supremo crecía cada vez más. Los legalistas creían que era imposible que un líder humano hiciera cumplir las leyes y construyera una sociedad armoniosa. El pueblo necesitaba una mano dura, alguien que hiciera cumplir las leyes de forma cruel e infatigable. Todo esto parece bueno sobre el papel, pero como hemos visto, el Imperio Qin se disolvió muy rápidamente. Incluso durante su corto reinado, hubo levantamientos que fueron sofocados por un poder despiadado.

Algunos valores confucianos fueron demonizados y considerados como subversivos para los intereses del monarca y su imperio. La caridad, la filantropía, la retórica y el arte estaban mal vistos por dar lugar a voces disidentes. Estas prácticas tenían el potencial de liberar los espíritus de la gente y desembocar en una rebelión abierta contra el emperador.

A su vez, aumentaba la severidad de las reprimendas y los castigos, incluso para lo que podríamos considerar delitos menores. Pero las leyes

---

[64] Kulmar, Tarmo, et al. "On the nature of the governing system of the Qin Empire in ancient China", pág.168.

eran más crueles con los actos que se consideraban rebeldes o que ponían en peligro de algún modo la unidad del Estado o la autoridad del emperador. Para tales ofensas, las penas capitales eran comunes, y a menudo se ejecutaban de forma abominable. Se despedazaba a la gente, se les rompían los huesos o se los enterraba vivos, por mencionar solo algunos de sus ingeniosos pero crueles métodos. Además, los trabajos forzados eran muy utilizados como castigo; por ejemplo, se podía enviar a la gente a construir la Gran Muralla. Las mutilaciones también eran comunes, y a muchos les cortaban la nariz o las orejas. También podían ser marcados como ganado o cegados.

Todas estas medidas parecían necesarias para establecer la autoridad del emperador. Debido al periodo de los Estados combatientes, los legalistas creían que un líder fuerte necesitaba un pueblo débil. El régimen imperial introdujo la llamada responsabilidad «conjunta» o «colectiva». Es decir, las ofensas de una sola persona se extendían a su familia, que también era castigada por el delito. En las zonas rurales, varios hogares y familias se veían envueltos en este cruel círculo de responsabilidad conjunta. La aristocracia no estaba libre de este tipo de corresponsabilidad y, a diferencia de los campesinos, a los que el Estado apenas podía vigilar de forma eficaz, la aristocracia estaba cuidadosamente vigilada. Todo signo de deslealtad era rápidamente reprimido. Se introdujo una nueva división del territorio que serviría de base para la administración de los imperios posteriores. El Imperio Qin se dividió en comandancias, condados y municipios. Las nuevas regiones administrativas del imperio permitían un control más centralizado sobre las zonas sometidas y una menor influencia de los poderes regionales tradicionales. Los jefes de comandancias o condados eran nombrados por su mérito y reputación ante la administración centralizada, y sus poderes no eran hereditarios.

Podemos establecer ciertos paralelismos entre este episodio bastante breve de la historia de China y algunos periodos posteriores, especialmente la Revolución Cultural y el gobierno de Mao Zedong[65]. Crueldad, paranoia y lealtad absoluta al monarca. No había espacio para el debate libre. Y esto nos lleva a uno de los instrumentos más poderosos y vergonzosos del arsenal de los dictadores: la destrucción de los intelectuales y sus obras.

---

[65] La dictadura de Mao es uno de esos periodos que vienen a la mente.

Capítulo 15: La quema de libros y la sepultura de intelectuales

Confucianos y legalistas eran dos mundos muy distintos. Aunque tenían actitudes similares respecto a la importancia del monarca y la necesidad de establecer una autoridad, discrepaban en casi todo lo demás. Los confucianos eran partidarios de un estilo de gobierno mucho más suave, benévolo con la población. La supremacía del monarca era un elemento importante en el mundo intelectual confuciano, pero su supremacía era contrarrestada por las virtudes inmaculadas del rey. También se esperaba que el pueblo siguiera un camino similar al del rey, lo que ayudaría a mejorar el Estado al garantizar que la persona media fuera buena, reflexiva y virtuosa.

Los legalistas discrepaban radicalmente de los confucianos en estas ideas. Los legalistas probablemente consideraban a los confucianos filósofos esotéricos que solo alborotaban a la juventud y socavaban la autoridad del Estado y del emperador[66]. El enfrentamiento entre las dos escuelas de pensamiento era inevitable y, en el año 213 a. e. c., las cosas llegaron a un punto crítico cuando se quemaron y destruyeron los libros confucianos[67].

---

[66] Confucio experimentó dificultades similares durante su vida, aunque murió a edad avanzada y probablemente por causas naturales. Sin embargo, el paralelismo entre Confucio y Sócrates puede verse en lo que les ocurrió a los seguidores de Confucio, ya que fueron perseguidos y ejecutados durante el periodo Qin.

[67] Kulmar, Tarmo, et al. "On the nature of the governing system of the Qin Empire in ancient

Funcionarios y burócratas fueron sometidos a un minucioso escrutinio. Cualquiera que afirmara abiertamente que la vida era mejor en la época anterior al Imperio podía ser ejecutado, así como aquellos que no denunciaran un crimen del que tuvieran conocimiento.

Esta represión de los confucianos se conoce a veces como la «sepultura de intelectuales», y la expresión no es metafórica: unos 460 confucianos fueron enterrados vivos. También fueron enviados a construir la Gran Muralla. Curiosamente, parece que solo se castigaba a los que seguían hablando de política y religión. Los confucianos que se centraban más en la ciencia no eran el objetivo principal del régimen.

Las obras políticas del confucianismo no fueron los únicos textos que se destruyeron. Li Si, el hombre detrás del régimen, comprendía la importancia de la historia para los estados vecinos y su identidad. Por eso se destruyeron gran cantidad registros antiguos de otros estados, para evitar el surgimiento de tendencias separatistas y garantizar una forma más circunscrita de patriotismo.

Li Si también estuvo detrás de lo que hoy llamaríamos el culto a la personalidad del emperador. El Estado se aseguraba de que la población recibiera noticias sobre la naturaleza impecable y divina del emperador. Se han encontrado numerosas inscripciones de la época. Este es un ejemplo:

«El emperador era un gobernante sabio y prudente, que trabajaba desde primera hora de la mañana hasta última de la noche por el bien de su pueblo; todos los hombres y mujeres respetaban la ley y todos cumplían con sus obligaciones; había paz y orden en el imperio».

Algunos informes atribuyen poderes sobrehumanos de lectura al emperador (Qin Shi Huangdi), de quien se dice que era capaz de leer treinta kilogramos (sesenta y seis libras) de manuscritos cada día. Probablemente, Qin Shi Huangdi se volvió algo paranoico a medida que se acercaba el final de su vida. Como suele ocurrir con los líderes demasiado poderosos, su deseo de poder suele transformarse en una poderosa paranoia. Por ejemplo, Qin Shi Huangdi tenía diversos palacios cerca de la capital a los que podía trasladarse cuando lo decidiera. Se dice que ni siquiera sus compañeros más cercanos conocían su paradero, que se mantenía en secreto; no hace falta decir que algunas personas conocían la ubicación del emperador y, si

China", pág. 174.

hubieran soltado la lengua, habrían sido ejecutadas.

Los marcadores más importantes del régimen Qin son también las causas más importantes de su caída. La crueldad del régimen Qin provocó la rebelión de la aristocracia de varios estados y de la población rural. Además, en lugar de centrarse en la creación de un estilo cultural que unificara a los diferentes estados, el imperio se centró más en la supresión de las culturas percibidas como una amenaza para el régimen. Tanto el primer emperador como el segundo fueron demasiado crueles, se encerraron demasiado en su propia «burbuja» y fueron incapaces de escuchar las sabias voces de la aristocracia y el populacho. La incapacidad de un régimen para conciliar el poder del monarca, el poder de unos pocos y el poder de muchos, como dijo Polibio hace muchos años, destruyó muchos regímenes. Esta incapacidad fue sin duda la causa de la caída de los Qin.

QUINTA PARTE:
LA DINASTÍA HAN
(206 A. E. C.-220 e. c.)

Capítulo 16: Auge de la dinastía Han

Tras la caída de la dinastía Qin, alguien tenía que intervenir y evitar que otro periodo de los Estados combatientes envolviera a China en siglos de guerra. China fue testigo de otro periodo de guerra civil, aunque mucho más breve. La guerra se libró principalmente entre dos importantes líderes de la rebelión contra los Qin: Liu Bang y Xiang Yu[68].

Xiang Yu se erigió en el líder supremo de la rebelión contra los Qin y fue aparentemente quien tomó las decisiones sobre cómo coexistirían los estados chinos tras el desmantelamiento del primer imperio. Posteriormente fue recordado como un gran líder y entró en la cultura china a través de muchas historias, leyendas y óperas[69]. Era un líder muy poderoso y procedía del estado de Chu.

Tras la caída de los Qin en 206 a. e. c., Xiang Yu comenzó a materializar su plan de dividir lo que había sido la dinastía Qin en una serie de estados más pequeños, de forma similar a como era China antes de que prevalecieran los Qin. Este plan, que no se mantuvo vigente durante mucho tiempo, se conoce a veces como los «Dieciocho Reinos». Sin embargo, las contiendas volvieron a estallar, y la guerra volvió a pisar fuerte en China.

---

[68] Zhou, Minhwa, y Meihwa Zhou. "Wisdom and Strategy— An Example for Zhang Liang and Liu Bang". En la 7ª Conferencia Internacional sobre Investigación en Humanidades y Ciencias Sociales (ICHSSR 2021), págs. 941-943. Atlantis Press, 2021.

[69] Chen, Pauline. "History Lessons". *New York Times*, 1993.

Uno de los líderes más importantes de esta nueva rebelión fue Liu Bang. Este hombre debió de ser un intrépido e increíblemente autoritario líder de guerra, de forma similar a Xiang Yu. Pero a diferencia de Xiang Yu, Liu Bang tuvo unos comienzos bastante humildes. Nació lejos de los hogares aristocráticos, aunque cuando finalmente se convirtió en emperador, se inventaron diversas historias sobre sus orígenes divinos. Al principio, Liu Bang trabajó para el régimen de Qin en su estado natal de Chu como una especie de jefe de pabellón; en otras palabras, era un funcionario menor. Cuando el régimen Qin se debilitó, Liu Bang comprendió lo que estaba ocurriendo y empezó a organizar fuerzas contra los Qin en su jurisdicción. Sin prisa pero sin pausa, su influencia y su destreza en la guerra crecieron, y empezaron a circular historias sobre el increíble Liu Bang. Finalmente, se convirtió en el rey de uno de los dieciocho estados que se formaron tras la caída de los Qin, concretamente el estado de Han. En este estado, Liu Bang reuniría sus fuerzas y asestaría un último golpe a Xiang Yu.

La fiesta que casi mata a Liu Bang

Pero antes de las enemistades abiertas entre Xiang Yu y Liu Bang, hubo un curioso acontecimiento que casi acaba con la vida de Liu Bang: la llamada «banquete de la puerta de Hong». Después de que los Qin fueran derrotados en su propia capital, Xianyang, un gran cuerpo de fuerzas se reunió fuera de la capital para celebrar la victoria. Para entonces, ya había cierto grado de tensión entre Liu Bang y Xiang Yu. En concreto, Liu Bang fue el primero en llegar a Guanzhong (una región de la actual provincia de Shaanxi) y el primero en asediar Xianyang, que se encuentra en esta región. Esto se tomó como una señal de la supremacía de Liu Bang; de hecho, parece que hubo una especie de «carrera hacia Guanzhong», y el ganador se convertiría en el rey de Guanzhong y, por tanto, en el rey de China.

En realidad, Liu Bang fue el primero en llegar. Cuando llegaron otras fuerzas, incluidas las de Xiang Yu, comenzó un gran festín. Pero Xiang Yu ya había tomado su decisión sobre Liu Bang, a quien consideraba alguien que arruinaba su oportunidad de ser el primero en tomar Xianyang. A través de una cadena de informantes, Liu Bang se enteró de la ira de Xiang Yu. Sin embargo, cuando recibió una invitación al banquete de Xiang Yu, no pudo rechazarla. Antes de acudir al banquete, Liu Bang envió mensajes a Xiang Yu, intentando decirle que no pretendía declararse gobernante de China.

Liu Bang, probablemente en contra del consejo de sus allegados, fue a presentar sus respetos a Xiang Yu. La disposición de los asientos y todo el tono del banquete fueron cuidadosamente construidos para poner a Liu Bang en un papel subordinado a Xiang Yu. Además, es posible que Xiang Yu y sus socios planearan matar a Liu Bang allí mismo, ya que estaba prácticamente desprotegido y lejos de su ejército.

Según una leyenda, cuando uno de los subordinados de Xiang Yu empezó a interpretar una danza de espadas, pero en realidad se estaba preparando para matar a Liu Bang, otro asociado de Xiang Yu, que no conocía el complot para matar a Liu Bang, se interpuso intentando participar en la danza. El consejero más cercano a Liu Bang, Zhang Liang, salió furioso y encontró al general de Liu Bang, Fan Kuai. Zhang Liang ordenó a Fan Kuai que irrumpiera en el banquete, lo que hizo, para sorpresa de Xiang Yu, que admiraba el porte militar de Fan Kuai y su armadura.

Esto debió de cambiar el tono del banquete, y Liu Bang consiguió salir con el pretexto de tener que ir al baño. Sin embargo, aún quería volver y al menos despedirse de Xiang Yu antes de irse a dormir, pero Zhang Liang y Fan Kuai se opusieron vehementemente[70]. Se acordó que Zhang Liang se quedaría y esperaría un rato antes de volver al banquete para dar tiempo a Fan Kuai y Liu Bang a regresar a su campamento. Al final, Zhang Liang llevó regalos de jade a Xiang Yu, disculpándose por la ausencia de Liu Bang, quien, como aseguró Zhang Liang, ya estaba bastante borracho y tenía que dormir un poco. Xiang Yu aceptó los regalos, pero el consejero de Xiang Yu, comprendiendo que se había perdido la oportunidad de asesinar a Liu Bang, hizo añicos los regalos de jade, prediciendo la caída de Xiang Yu y el ascenso de Liu Bang.

---

[70] Sima, Qian. "Records of the grand historian: Han dynasty". Columbia University Press, 1993.

Un mural que representa el famoso banquete de la puerta de Hong. El cuadro data de la dinastía Han oriental y es más una representación típica de los banquetes chinos que un relato exacto de cómo era el banquete de la puerta de Hong. La tumba inquietante
https://commons.wikimedia.org/wiki/File:Mural_Painting_of_a_Banquet_Scene_from_the_Han_Dynasty_Tomb_of_Ta-hu-t%27ing.jpg

Conflicto abierto entre Xiang Yu y Liu Bang

Inmediatamente después de este suceso, Xiang Yu, quizás tratando de afirmarse como líder de China, saqueó e incendió la capital Qin, Xianyang. Curiosamente, Liu Bang, que, como se ha mencionado, llegó primero a Xianyang, se abstuvo de quemar y saquear. Ambos líderes de la rebelión tenían aspiraciones similares (convertirse en el gobernante supremo de China), pero su *modus operandi* era diferente.

Tras amasar una gran fortuna, Xiang Yu decidió regresar al estado de Chu. Allí se proclamó rey de Chu y «ascendió» al anterior rey de Chu (Huai) al rango de «emperador justo». Por supuesto, este título era meramente simbólico y, en cualquier caso, el «emperador justo» pronto fue asesinado por orden de Xiang Yu.

Aproximadamente en el mismo periodo (206 a. e. c.), Liu Bang empezó a preparar una rebelión total contra las fuerzas de Xiang Yu. Comenzó a tomar lentamente los reinos recién formados uno por uno. En 205 a. e. c., Liu Bang había reunido una fuerza de unos 560.000 hombres (según el historiador de la antigüedad Sima Qian) y marchó hacia el este, hacia Pengcheng, la capital de Chu. Como Xiang Yu estaba ocupado luchando contra otros grupos rebeldes, concretamente contra los Chi en el norte, Liu Bang pudo tomar Pengcheng sin apenas resistencia[71]. Los soldados estaban disfrutando del botín de guerra, es decir, la fortuna de Pengcheng y sus hermosas mujeres, cuando Xiang Yu contraatacó e infligió una derrota catastrófica al ejército Han de Liu Bang. El ejército Han inició una retirada desordenada, que causó aún más bajas. Durante esta retirada, cientos de miles de soldados perecieron en ríos, montañas y emboscadas, ya que carecían incluso de las necesidades básicas. Sima Qian relata que cuando los soldados de Liu Bang se vieron obligados a adentrarse en un río llamado Sui, la carnicería subsiguiente dejó tantos cadáveres que taponaron el río.

Liu Bang se encontró rodeado en el transcurso de su retirada, y el círculo se iba estrechando cada vez más. De repente, una gran tormenta invadió el campo de batalla. Era tan poderosa que era capaz de hacer caer árboles. El polvo y los escombros llenaron el aire, y el día se convirtió en noche. El caos subsiguiente permitió a Liu Bang abrirse paso y salvar la vida con tan solo treinta soldados de caballería.

Pero esta no fue la única situación cercana. Tal vez recuerde que Liu Bang nació en el estado de Chu y tenía familia allí; de hecho, sus hijos, esposa, y padres vivían en el estado de Chu cuando Liu Bang llegó para derrotar a Xiang Yu. Así pues, Liu Bang quería salvar a su familia mientras huía. Sus hijos, su esposa y sus padres ya estaban huyendo, y fue por pura casualidad que Liu Bang se encontró con su hijo (futuro emperador Hui) y su hija (futura princesa Yuan) en el camino. Sin embargo, la caravana de Liu Bang fue avistada por la caballería Chu, y ambos grupos se enzarzaron en una persecución que debió de ser increíblemente tensa. Para hacer aún más dramática la escena, según relata Sima Qian, Liu Bang se preocupó mucho de que sus hijos hicieran más pesado el carruaje, lo que facilitaría a los jinetes Chu alcanzarlos. Por ello, trató de empujar a sus hijos fuera del carruaje, pero afortunadamente, el señor Teng, uno de los socios más cercanos de Liu Bang, salvó a su hijo y a su hija.

La esposa, la madre y el padre de Liu Bang no tuvieron tanta suerte, ya que fueron capturados por las fuerzas de Chu.

En el año 204 a. e. c., Liu Bang recuperó el control de sus fuerzas, reunió otras nuevas y se retiró a zonas más amigables. También se aseguró de disponer de una carretera, importante para el transporte de

---

[71] Ibíd.

provisiones. La carretera serpenteaba junto al río Amarillo y conectaba las zonas menos abastecidas con la cuenca del río Amarillo, rica en cereales.

Xiang Yu, aconsejado por Fan Tseng, hizo todo lo posible por cortar esta carretera y complicar la vida a los Han. Es en este momento y bajo la amenaza de tener sus principales ciudades sitiadas por los Chu cuando Liu Bang decide empezar a negociar con los Chu, con el objetivo de ganar algo de tiempo antes de poder recuperar sus fuerzas y asestar un contragolpe. Un enviado llegó al estado Han, y Liu Bang empezó a desentrañar su plan para sembrar la disensión en el corazón de los dirigentes Chu. Primero agasajó a los negociadores Chu con un gran banquete. Pero entonces, se «enteró» de que habían sido enviados por Xiang Yu. (Liu Band fingió que pensaba que estos negociadores habían sido enviados por Fan Tseng independientemente de Xiang Yu para sembrar la discordia entre ambos). Liu Bang ordenó a los sirvientes que se llevaran las copiosas comidas y bebidas y que en su lugar trajeran una cena mucho más modesta.

No hace falta decir que los negociadores Chu se quedaron atónitos ante este maltrato y sospecharon el por qué Liu Bang cambió su comportamiento una vez que «supo» que los negociadores habían sido enviados por Xiang Yu. Informaron de ello a Xiang Yu, levantando sus sospechas sobre Fan Tseng. Este último se enfadó por estas sospechas, probablemente injustificadas. Presentó su dimisión, pero pronto murió de complicaciones de salud relacionadas con una úlcera.

De vuelta a Han, la situación iba de mal en peor. Liu Bang estaba sitiado en la ciudad de Jung-yang, y parecía que su captura final era inminente. Pero el general de Liu Bang, Han Xin, intervino. Han Xin decidió liderar un ataque señuelo disfrazado del propio rey de los Han, dejando espacio para que el verdadero Liu Bang pudiera escapar. Para hacer más creíble este ataque señuelo, miles de mujeres de la ciudad fueron vestidas con armaduras de combate y conducidas al exterior a través de la puerta oriental. Mientras Han Xin entregaba su «rendición real» a Xiang Yu, Liu Bang huyó por la puerta occidental con unas docenas de soldados de caballería. Han Xin fue quemado vivo.

Fue una jugada bastante inteligente porque Liu Bang consiguió escapar y la ciudad de Jung-yang seguía en manos de los Han. La defensa de la ciudad era ahora tarea de Chou Ko, el señor Tsung y Wei Pao (antiguo enemigo de los Han, ahora aliado). Chou Ko y el señor

Tsung decidieron matar a Wei Pao, ya que no querían a un ex enemigo con ellos. Finalmente, el ejército Chu se impuso y tomó Jung-yang; cuando a Chou Ko le ofrecieron el puesto de general Chu, decidió elegir un destino más glorioso pero más trágico. Chou Ko replicó: «¡Si no te das prisa y te rindes al rey de Han, serás hecho prisionero! No eres rival para él»[72]. No es de extrañar que Chou Ko fuera entonces hervido vivo por orden de Xiang Yu. El señor Tsung también fue ejecutado, aunque no de forma tan dramática.

Victoria final de Liu Bang

En el año 203 a. e. c., Liu Bang participó en más campañas militares. Una vez más, fue asediado en una ciudad, esta vez Cheng-kao. Sin embargo, esta vez se vio obligado a huir solo. Después de esto, pudo organizar sus fuerzas y, lo que es más importante, seguir cooperando con sus aliados, que estaban atacando a los Chu y dificultando que estos se centraran en destruir a los Han. Las fuerzas de Peng Yueh eran especialmente un incordio para las líneas de suministro Chu; también eran capaces de fomentar la rebelión en las regiones controladas por los Chu, como la región de Liang. Enfurecido por años de lo que parecía una guerra infructuosa contra Liu Bang, Xiang Yu decidió hervir vivo al padre de Bang si Liu Bang no se rendía inmediatamente. La respuesta de Liu Bang, por decir lo menos, fue increíble:

> «Cuando tú y yo nos inclinamos juntos ante el rey Huai y reconocimos nuestra lealtad hacia él, hicimos el voto de ser hermanos. Por lo tanto, mi padre es también tu padre. Si ahora insistes en hervir a tu propio padre, ¡espero que tengas la bondad de enviarme una taza de la sopa!»[73].

Hsiang Po, el nuevo consejero de Xiang Yu, se opuso a esta drástica medida, y Hsiang argumentó que hervir vivo al anciano sería inútil, ya que a Liu Bang obviamente no le importaba, alegando que lo único que quería era gobernar el mundo. Lo que siguió fue un estancamiento bastante estable, sin movimientos notables por ambas partes. Xiang Yu, conocido por su valor y destreza física, decidió retar a Liu Bang a un duelo personal, los dos solos. Liu Bang era posiblemente consciente de que las probabilidades estaban a favor de Xiang Yu, por lo que no aceptó el duelo.

---

[72] Ibíd.

[73] Ibíd.

Xiang Yu comenzó a enviar a sus hombres más fuertes y valientes para desafiar a los hombres Han más valientes a la batalla. Había un arquero a caballo muy hábil entre las filas Han que procedía de una tribu bárbara (Loufan) que vivía cerca del mundo chino «civilizado». Este arquero a caballo mató a tres de los retadores de Yu. Xiang Yu se enfureció de nuevo y se acercó a Cheng Kao, la ciudad donde se encontraban Liu Bang y sus fuerzas, y desafió al arquero a caballo Loufan. Se dice que el espectáculo y el increíble grito de Xiang Yu angustiaron tanto al arquero Loufan que huyó de vuelta a la ciudad.

Liu Bang, enterado de esta extraña ocasión, decidió abandonar la ciudad y hablar con Xiang Yu a una distancia segura. Expresando una vez más su deseo de no luchar contra el mucho más fuerte Xiang Yu, el líder de Chu se sintió extremadamente frustrado y sacó una ballesta oculta, hiriendo a Liu Bang, quien huyó de vuelta a la ciudad.

Continuaron las hostilidades. Los aliados Han siguieron acosando a los Chu, y Xiang Yu se vio obligado a dejar a sus generales para asediar a Cheng Kao y Liu Bang, marchando hacia el este para ayudar a combatir a los aliados Han. Una de las instrucciones más importantes a sus generales fue algo así como «Quédense quietos, no lancen batallas y no luchen cuando Liu Bang los desafíe». Tras unos días de burlas y mofas, las fuerzas de Chu fueron conducidas a la batalla por el general Tsao Chiu. Para enfrentarse a las fuerzas de Liu Bang, las fuerzas Chu tuvieron que cruzar el río Ssu. Liu Bang los atacó justo cuando cruzaban el río, masacrando a los hombres de Chu.

Este fue uno de los puntos de inflexión de la guerra. Xiang Yu se vio obligado a marchar hacia atrás y enfrentarse al ejército de Liu Bang, a pesar de que sus propios hombres estaban exhaustos. Se celebró otra ronda de negociaciones. Xiang Yu ofreció las vidas de la esposa, el padre y la madre de Liu Bang y un reparto de las tierras chinas. Liu Bang aceptó. Pero Zhang Liang, el consejero más cercano a Bang, vio una oportunidad para una victoria completa sobre los Chu. Zhang Liang argumentó que los Chu estaban agotados y casi no tenían aliados. Los Han, en cambio, tenían abundantes suministros y muchos aliados de su lado. ¡Ahora era el momento de atacar!

Liu Bang escuchó este sabio consejo y atacó a los Chu en el 202 a. e. c.. Sin embargo, una vez más sufrió una aplastante derrota, ya que sus aliados más cercanos, Peng Yueh y Han Hsin, no se presentaron a la hora acordada. Una vez más, el buen consejo de Zhang Liang acudió al rescate de Liu. Según argumentó Zhang Liang, tanto Peng Yueh como Han Hsin estaban descontentos porque ya habían hecho mucho por Liu Bang sin recibir ninguna ganancia territorial. Si recibían tierras, estarían más motivados para ayudar a Bang a poner fin a esta larga guerra.

Después de recibir concesiones territoriales, los aliados continuaron su operación, y el círculo alrededor de Xiang Yu se hizo cada vez más pequeño. Su campamento estaba rodeado por el enemigo, sus provisiones eran escasas y la moral baja. Tras oír los sonidos de las canciones de Chu procedentes del campamento enemigo, Xiang Yu comprendió que muchos de sus hombres se habían unido a las filas enemigas. Dando el último adiós a su concubina, la bella dama Yu, Xiang Yu salió del campamento y rompió el cerco, junto con unos cientos de jinetes. Pero el grupo perdió el camino y fue perseguido por los jinetes Han. Al darse cuenta de que todo estaba perdido y de que lo más valioso sería hacer una última resistencia, Xiang Yu dividió a sus hombres en varios grupos y les ordenó infligir el mayor daño posible al enemigo. Se dice que Xiang Yu mató hasta cien hombres él solo.

Consiguió escapar y llegar al río Yangtsé con algunos compañeros. Un jefe de aldea se ofreció a llevarlos a la otra orilla. Xiang Yu creía firmemente que los propios cielos querían acabar con él y llevar a Liu Bang al poder y ya había decidido cómo acabaría con su vida. No iba a intentar huir tan lejos como pudiera. En lugar de eso, entregó su amado caballo al amable jefe de la aldea y regresó para enfrentarse por última vez a los soldados Han. Una vez más, Sima Qian nos cuenta que Xiang Yu mató a cientos de soldados Han, sufriendo él mismo amargas heridas. Luego, divisó al comandante de caballería de Liu Bang, Lu Matung, y a su séquito. Incluso en sus últimos momentos, Xiang Yu mantuvo su honor y orgullo, diciendo: «He oído que Han ha ofrecido una recompensa de mil *catties* de oro y un feudo de diez mil hogares por mi cabeza. Les haré el favor»[74].

Entonces, los soldados Han se disputaron literalmente el cuerpo y la cabeza de Xiang Yu. Los vencedores de esta indigna refriega se repartieron las recompensas literalmente al desmembrar el cuerpo de Xiang Yu. Su muerte marcó el final de un periodo de calamidades, que había durado desde que los Qin fueron derrocados unos cinco años antes. En 202 a. e. c., los Han, anunciados por Liu Bang, obtuvieron finalmente la supremacía sobre todo el mundo civilizado chino. Liu

---

[74] Ibíd.

Bang no fue excesivamente cruel a la hora de culminar su ascenso al poder. En concreto, perdonó la vida al estado de Lu, el estado natal de Xiang Yu, y a la familia de este.

El emperador Han

Liu Bang, más tarde conocido como emperador Gaozu, es una personalidad increíblemente interesante, por lo que este breve extracto sobre él no le hará justicia. Aun así, intentaremos esbozarlo como persona y exponer sus logros más importantes como emperador.

Hay muchas historias poéticas sobre los primeros años de la vida de Liu Bang, y muchas de ellas entran de lleno en el terreno de lo mítico, lo legendario o lo puramente supersticioso. Por ejemplo, se dice que la madre de Liu Bang, Dame Liu, conoció a un dios antes de dar a luz a su hijo pródigo. Su padre, que buscaba a Dame Liu, acabó encontrándola, pero vio un gran dragón revoloteando sobre su esposa. Tras este suceso, Dame Liu concibió a Liu Bang. Se dice que Liu Bang tenía 72 lunares en la pierna izquierda, y este número podría haber sido un número mágico, ya que es el producto de dos números igualmente mágicos en la cultura china: ocho y nueve.

Llegado el momento, Liu Bang aprobó un examen oficial y se convirtió en jefe de la aldea de la región del río Ssu. En algún momento de este periodo, Liu Bang mostró su amor por las mujeres y el vino, visitando a menudo los burdeles de su pueblo. Sima Qian incluso menciona los nombres poéticos de estos lugares, como el local de la dama Wang o el de la anciana Wu. Liu Bang no era precisamente un buen cliente, ya que a menudo bebía y disfrutaba de los servicios de las damas a crédito. Sin embargo, la prodigalidad de Liu Bang volvió a hacer acto de presencia. Aunque rara vez pagaba, tenía una especie de encanto afortunado: ¡cada vez que iba, aumentaban los beneficios del burdel! Es más, cuando Liu Bang estaba exhausto de placer y se quedaba dormido, la gente podía notar una especie de dragón revoloteando sobre él[75].

Además, hay historias sobre personas que «leen» grandes hechos futuros en los rostros de Liu Bang y su familia. De hecho, así fue como Liu Bang se casó con su primera esposa, la dama Lu, que se convirtió en la emperatriz Lu. Su padre, el maestro Lu, se dio cuenta de que había algo grande en Liu Bang, a pesar de que este era un simple jefe de aldea.

---

[75] Ibíd.

Decidió casar a su hija con Liu Bang. Más tarde, cuando un anciano pasaba por la aldea de Liu Bang, vio a la esposa, al hijo y a la hija de Liu Bang, y predijo un futuro glorioso para todos ellos con solo leer sus rostros.

Es cierto que Liu Bang era un hombre extraordinario. Sin embargo, curiosamente, no era un estadista excepcional ni un general digno. Su talento residía en otra parte: sabía reconocer a las personas con talento y capaces que podían hacer el trabajo y permanecer leales a él. De hecho, el propio Liu Bang recalcó que no podía compararse con la mente estratégica de Zhang Liang, ni podía estar a la altura de la capacidad de Xiao He como estadista. Sin embargo, Liu Bang sabía cómo controlar a los individuos poderosos, y es debido a esta habilidad que finalmente concibió un poderoso Imperio chino[76].

Pero dejemos ahora estas historias y volvamos a reunirnos con nuestro emperador donde lo dejamos, al principio de su reinado. En el año 202 a. e. c. y tras la muerte de Xiang Yu, el emperador Gaozu aún tenía mucho trabajo por hacer para afirmarse como el gran emperador de China. Había algunas revueltas que debían ser sofocadas, y Gaozu también tenía que nombrar a los hombres adecuados como jefes de estado (nominales). En 201 a. e. c., Liu Fei, hijo del emperador, se convirtió en gobernador del estado de Qi. En el año 200 a. e. c. había que pacificar más revueltas, pero la capital del nuevo imperio estaba terminada. Se llamaba Chang-an (actual Xi'an, provincia de Shaanxi) y albergaba el «palacio de la Alegría Duradera» o «palacio Yanxi» e infraestructuras para la burocracia y los funcionarios públicos.

---

[76] Hardy, Grant, and Anne Behnke Kinney. *The establishment of the Han empire and imperial China.* Greenwood Publishing Group, 2005.

Capítulo 17: Dinastías Han occidental y oriental

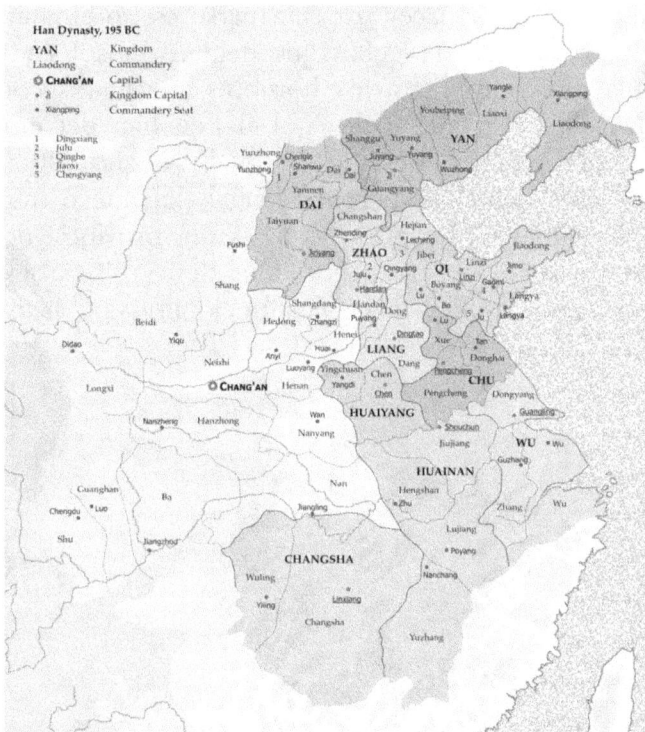

Estado de los primeros Han occidentales

Esiymbro, CC BY-SA 4.0 <https://creativecommons.org/licenses/by-sa/4.0>, vía Wikimedia Commons; https://commons.wikimedia.org/wiki/File:Han_dynasty_Kingdoms_195_BC.png

El emperador Gaozu estableció una dinastía estable que gobernó China durante siglos (aunque con algunas interrupciones). El emperador Gaozu murió en 195 a. e. c., dejando el trono a su joven hijo, Lui Fei (emperador Hui), que solo tenía quince años cuando murió su padre. La esposa de Gaozu, la emperatriz Lu, asumió el cargo de regente. La emperatriz Lu favoreció los intereses de su propio clan, otorgando puestos importantes a varios miembros de su familia. El emperador Hui murió de una enfermedad en 188 a. e. c., lo que permitió a la emperatriz Lu aumentar aún más su influencia. Dos supuestos hijos del emperador Hui, Liu Gong y Liu Hong, se convirtieron entonces en emperadores. Ambos eran muy jóvenes y fácilmente manipulables.

Está claro que la emperatriz Lu intentó erigirse en gobernante suprema, pero debido a las normas de la época, solo podía ser regente de los emperadores «reales».

La emperatriz Lu no fue una mala gobernante, pero intentó aumentar la influencia de su propio clan a expensas del clan del emperador Gaozu. Por este motivo, tras su muerte en 180 a. e. c., los miembros influyentes del clan Lu fueron masacrados, y la supremacía del clan de Liu Bang quedó asegurada una vez más, esta vez gracias al emperador Wen, que fue uno de los muchos hijos que Liu Bang tuvo con sus consortes.

Los siguientes cuarenta años, durante los cuales gobernaron el emperador Wen (180-157 a. e. c.) y su hijo el emperador Jing (157-141 a. e. c.), se recuerdan como relativamente pacíficos y prósperos. Durante este periodo, el alcance y el poder del gobierno central aumentaron, y el poder y la influencia de los reyes provinciales se redujeron. La influencia de los nobles también disminuyó, ya que el Estado se hacía cargo de sus posesiones si morían sin heredero o si infringían la ley.

A continuación llegó el emperador Wu, que reinó entre 141 y 87 a. e. c. Su reinado también se caracterizó por ser pacífico, estable y próspero. El imperio se expandió y se protegió mediante la construcción de la Gran Muralla, que ayudó a detener las invasiones de los bárbaros del norte. El emperador Wu también es presentado en la literatura como el emperador que finalmente permitió una adopción total del confucianismo en la corte y el gobierno, aunque no rechazó de plano la tradición legalista.

Durante el largo reinado del emperador Wu, la astronomía china adquirió gran importancia. En primer lugar, hay que tener en cuenta la estrecha relación entre filosofía, ciencia y mito en la Antigüedad. La especialización es algo relativamente moderno, y la erudición era mucho más común en la Antigüedad (tanto en Europa como en China, así como en otros lugares). Así, los intelectuales cercanos a la corte estaban bien versados en prácticamente todos los campos del saber, y la astronomía/astrología era una parte importante de lo que el emperador Wu esperaba de sus intelectuales. En aquella época, la observación de las estrellas no era simplemente un acto científico. En el caso del emperador Wu, la astronomía/astrología proporcionaba una forma de indagar sobre el futuro y establecer contacto entre las personas y las entidades superiores. También había otro objetivo muy concreto: asegurar la inmortalidad del emperador[77].

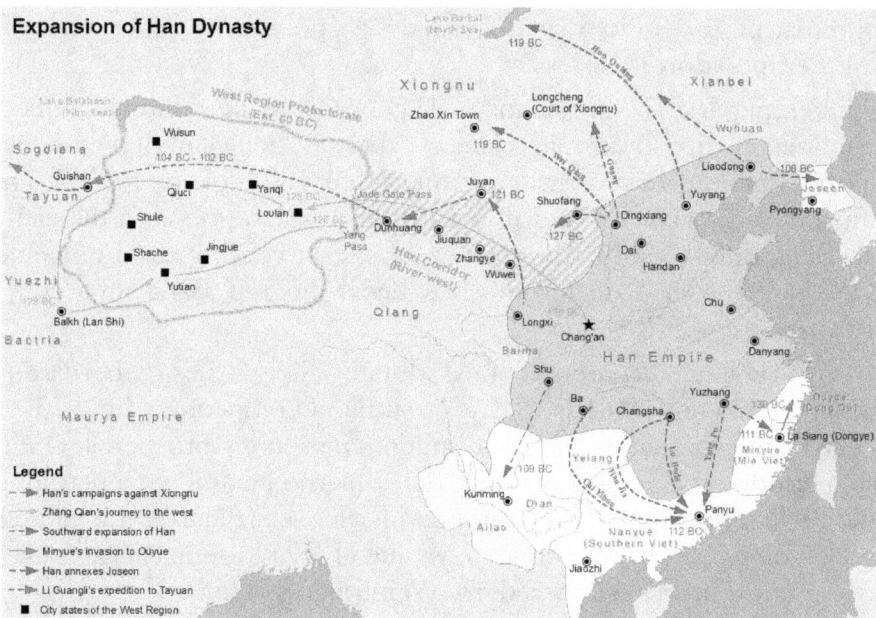

Expansión de los Han hacia el norte, el sur y el oeste durante el reinado del emperador Wu. Esta sería la base de los posteriores contactos entre China y las lejanas civilizaciones asiáticas y europeas

SY, CC BY-SA 4.0 <https://creativecommons.org/licenses/by-sa/4.0>, vía Wikimedia Commons; https://commons.wikimedia.org/wiki/File:Han_Expansion.png

Resulta un tanto irónico que un incentivo crucial para el desarrollo de la astronomía china viniera como consecuencia de la superstición del

---

[77] Cullen, Christopher. "Motivations for Scientific Change in Ancient China: Emperor Wu and the Grand Inception Astronomical Reforms of 104 BC". *Journal for the History of Astronomy* 24, nro. 3 (1993): 185-203.

emperador. Por ejemplo, se dice que el emperador Wu se encontró una vez con un hombre que decía tener cientos de años y que supuestamente poseía el secreto de la eterna juventud. Este hombre fue capaz de atacar la vanidad y la vívida imaginación del emperador. Consiguió, como muchos que vinieron después de él, lucrarse contando historias fantásticas al emperador Wu. Desgraciadamente, el emperador no era tan crédulo, y se daba cuenta de los intentos de esta gente por engañarlo plantando pruebas falsas y cosas por el estilo. Cualquiera que fuera sorprendido haciendo eso o con profecías falsas se arriesgaba a ser ejecutado.

El emperador Wu también estaba obsesionado con el mítico Emperador amarillo y empezó a creer en historias de gente que establecía paralelismos entre su reinado y el del Emperador amarillo[78]. En el mito, el Emperador amarillo es un ser que existía (o seguía existiendo espiritualmente en tiempos del emperador Wu) en la intersección entre lo terrenal y lo divino. Es posible que el Emperador amarillo tenga su origen en las deidades Shang y que se haya traducido en una persona histórica real con el paso del tiempo. Después, durante la dinastía Qin, y sobre todo gracias a la megalomanía de Qin Shi Huangdi, volvió a resurgir el mito de un Emperador amarillo que también era un dios. De hecho, era habitual utilizar la "«di» de Huangdi para denotar las cualidades de un dios.

Uno de estos paralelismos entre el Emperador amarillo y el emperador Wu estaba estrechamente ligado a la astronomía y al calendario chino. Concretamente, algunas personas afirmaban que esa antigua «festividad» durante el reinado del emperador Wu caía el mismo día que durante el reinado del Emperador amarillo. En otras palabras, la «necesidad» del emperador de contar con buenos astrónomos en la corte provenía de su deseo de revivir el ejemplo del Emperador amarillo.

Las ambiciones, capacidades y largo reinado del emperador Wu se tradujeron en una importante expansión territorial de China, especialmente hacia el oeste. Las vastas, inexploradas y escasamente pobladas tierras altas de la estepa debieron parecer seductoras al emperador Wu, que quería proyectar su poder lo más lejos posible. Desde los tiempos del emperador Wu, los chinos habían considerado la actual región de Sinkiang (una extensa región de Asia central en el

---

[78] Ibíd.

extremo occidental de China, fronteriza con países como Kazajstán, Kirguistán y Tayikistán) como su esfera de influencia. Se trataba más bien de una expedición de exploración, cuyo objetivo principal era establecer relaciones diplomáticas con cualquier país con el que se toparan los exploradores chinos. Y se toparon con pueblos como los dayuan y los kangju, que habitaban las actuales regiones de Uzbekistán y Tayikistán.

Las estepas podrían haber sido una hazaña más sencilla en comparación con las conquistas meridionales de Wu. Durante el reinado del emperador Wu, Sinkiang y el actual sur de China quedaron bajo la influencia del Imperio Han. Provincias como Fujian, Guangdong o Guanxi no habrían estado dentro de la China actual de no haber sido por las excursiones meridionales del emperador Wu. Para ello, el ejército de Wu tuvo que derrotar primero a los estados de Minyue y Nanyue.

Finalmente, el emperador Wu solucionó el problema de los invasores del norte convirtiéndose en la fuerza invasora. El grupo de tribus nómadas Xiongnu era el objetivo principal. La civilización china estuvo amenazada durante siglos antes y después por estas tribus, ya que se veían atraídas hacia el sur por las ricas ciudades de China.

No es raro en la historia que tras un líder especialmente fuerte y autoritario venga un periodo de calamidad y caos. China no tardó mucho en entrar en un periodo así tras la muerte del emperador Wu en el año 87 a. e. c., aunque esta vez las cosas no acabaron en siglos de guerras civiles. El hijo menor del emperador Wu, Zhao, subió al trono, y durante su reinado, que terminó en el 74 a. e. c. con su prematura muerte (solo tenía veinte años), el poder estuvo esencialmente en manos de Huo Gang, un importante funcionario bajo el mandato del emperador Wu[79]. El emperador Zhao no tenía un hijo que heredara el trono, por lo que Huo Gang eligió primero a Liu He, nieto del emperador Wu, como heredero. Liu He debió de hacer algo mal, ya que fue depuesto al cabo de unos veinte días, y el bisnieto de Wu, el emperador Xuan, subió al trono[80]. También fue elegido por Huo Gang. La elección final de Huo Gang resultó ser la mejor, ya que el reinado del

[79] Dreyer, Edward L. "Zhao Chongguo: A Professional Soldier of China's Former Han Dynasty". *The Journal of Military History* 72, nro. 3 (2008): 665-725.
[80] Gao, Jiyi. "Emperor Xuan, Emperor Zhang and the Rise and Decline of Zhangju in the Han Dynasty". Hanxue Yanjiu (Chinese Studies) 25, nro. 1 (2007).

emperador Xuan era conocido por su estabilidad y prosperidad. Durante algún tiempo, Huo Gang continuó siendo un consejero cercano al emperador a pesar de su intención de renunciar. Durante el reinado del emperador Xuan ocurrieron algunas cosas buenas; por ejemplo, promulgó importantes reformas en el sistema judicial, que moderaron la dureza de los jueces y facilitaron las apelaciones. La meritocracia estaba en su apogeo, y la gente capaz accedía a los altos cargos. El emperador también era amigo de las artes, y muchos poetas y literatos recibían apoyo directo de la corte. El emperador Xuan murió en el 48 a. e. c. y su hijo, el emperador Yuan, tomó el relevo.

Hasta entonces, el Imperio chino se mantuvo bastante próspero. Incluso durante la época del emperador Yuan y el posterior dominio de su esposa, la emperatriz Wang, China se mantuvo bastante estable. Su influencia aumentó tras la muerte del emperador Yuan en el año 33 a. e. c. Varios emperadores ocuparon el trono, pero la emperatriz Wang, que se convirtió en emperatriz viuda, siguió siendo muy influyente y aumentó la influencia de su propio clan Wang[81]. Esto fue posiblemente lo que más empujó a China de nuevo al caos. Los parientes de la emperatriz Wang se hicieron cada vez más fuertes, y no es de extrañar que Wang Mang decidiera deponer al joven e insignificante emperador Ping y sustituirlo por el aún más joven Ruzi Ying, que estuvo formalmente en el poder del 6 al 9 de la era cristiana. Finalmente, Wang Mang decidió dejar de fingir y se declaró primer emperador de una nueva dinastía, la Xin[82].

No es posible diseccionar aquí todos los acontecimientos que condujeron a la efímera dinastía Xin y al efímero caos que sobrevino poco después de que Wang Mang subiera al trono. Baste decir que fue una consecuencia natural de la dinámica política china de la época, en la que la crueldad, la picardía y la insidia eran tan importantes como la sabiduría política y el mérito real. Wang Mang no iba a ser necesariamente un mal emperador, y hay indicios de que tenía grandes planes para China. Pero en última instancia, su usurpación de la dinastía Han condujo a una guerra civil y a la formación de un grupo muy peculiar llamado los Cejas Rojas.

---

[81] Xiong, Victor Cunrui, y Kenneth James Hammond, eds. "Routledge Handbook of Imperial Chinese History". Routledge, 2019. págs. 25-38.

[82] L'Haridon, Béatrice. "WANG MANG 王莽 (c. 45 BCE–23 CE) AND CLASSICAL LEARNING AS PATH TO SUPREME POWER". *Early China* 45 (2022): 51-72.

Wang Mang tampoco tuvo suerte. Justo cuando se esforzaba por llevar a cabo sus grandiosas reformas, hubo una gran inundación en China que dejó a muchos campesinos sin muchos alimentos. Era inevitable una revuelta, y los Cejas Rojas y otros grupos saquearon finalmente la capital de los Han occidentales, Chang'an, en el año 23 de la era cristiana. Junto con otros grupos de rebeldes, los Cejas Rojas eligieron a un nuevo emperador emparentado con los Han llamado Gengshi. No gobernó mucho tiempo, ya que los Cejas Rojas lo derrocaron y colocaron a un niño al que podían controlar más fácilmente. Finalmente, fueron derrotados por el fundador de los Han orientales, el emperador Guangwu, que eligió una nueva capital, Luoyang. Como el emperador Guangwu estaba emparentado con los Han occidentales, disponía de la influencia necesaria para ayudarle a aplastar a los rebeldes, que cada vez buscaban más satisfacer sus propias necesidades en contraposición a las necesidades de la civilización china.

Capítulo 18: Evolución cultural y militar

Reformas administrativas

Las bases del imperio fueron en parte heredadas de imperios más antiguos y en parte sentadas por Liu Bang y sus importantes funcionarios. Ya hemos mencionado a Zhang Liang, cuyo consejo fue crucial en el periodo de establecimiento de la dinastía Han. Zhang Liang era más bien un asesor tipo Sun Tzu, que ayudaba a Liu Bang en la toma de decisiones político-estratégicas. Pero había otros asesores importantes, como Xiao He (o Ho), que se centraba más en la ley y la administración. Xiao He se convirtió en canciller del emperador Gaozu y desempeñó un papel decisivo en las mejoras legales, culturales y administrativas relacionadas con el periodo Han temprano. Incluso antes del 202 a. e. c. y de la victoria final de los Han, Xiao He se mostró muy activo, gobernando vastas zonas mientras Liu Bang libraba la guerra. Durante este difícil periodo, Xiao He se encargó de simplificar las leyes, establecer oficinas de distrito y difundir la propaganda Han y los templos dinásticos.

En 202 a. e. c., Xiao He fue condecorado con los mayores méritos posibles por el emperador Gaozu. Xiao He gozaba de tantos privilegios que los demás funcionarios empezaron a sentir envidia, y el emperador tuvo que recordar a todos que era Xiao He quien prácticamente había gobernado todo el imperio durante años. Bajo la dirección de Xiao He y otros importantes funcionarios, la tradición legalista, característica del

Imperio Qin, fue aumentando poco a poco con la suprimida tradición confuciana[83]. A Xiao He también se le atribuye el establecimiento del código Han. Además de ser un gran organizador y administrador, Xiao He era también un gran conocedor de la ley. Tomó el código Qin existente, lo revisó y, muy posiblemente, lo hizo más humano[84]. Su código constaba de nueve capítulos, con estatutos sobre robos y hurtos, arrestos, abandono, establos y mucho más. Era un código bastante complejo, más acorde con la situación contemporánea y, sin duda, más propicio a la paz y la estabilidad que el antiguo código Qin.

Los primeros tiempos de la dinastía Han contaban con un elaborado sistema tributario, que incluía tanto el grano como la mano de obra. Los jefes provinciales —llamados «reyes» que eran nombrados directamente por el emperador Gaozu— desempeñaban un papel decisivo en la recaudación de impuestos, la defensa frente a enemigos externos y la ejecución de las leyes. El propio imperio se dividió inicialmente en tercios, constituyendo los reinos orientales (diez de ellos) dos tercios del imperio. El tercio occidental se dividía en provincias o comandancias que estaban bajo el control directo del gobierno central. Inicialmente, los «reinos» del este fueron concedidos a numerosos aliados de Liu Bang. Pero muchos de estos jefes pronto se rebelaron contra el emperador Gaozu y, con bastante rapidez, el emperador se vio obligado a nombrar jefes provinciales a personas más cercanas a él, normalmente miembros de su familia.

El emperador también puso orden en la nobleza. En concreto, Gaozu dividió la élite en veinte «niveles» distintos de nobleza. Al parecer, el supuesto básico de la nueva nobleza era una meritocracia, y es probable que esta norma se aplicara hasta cierto punto. Además, el emperador nombraba 150 marqueses, el único título nobiliario hereditario (excluida la familia imperial) que podía transmitirse directamente a los hijos. Por supuesto, los hijos de los nobles tenían la oportunidad de merecer puestos más altos, y muchos de ellos la aprovecharon.

En cuanto al gobierno central, estaba separado en tres sectores gubernamentales: la administración pública, el ejército y el servicio de

---

[83] Dubs, Homer H. "The victory of Han Confucianism". *Journal of the American Oriental Society* 58, nro. 3 (1938): 435-449.

[84] Xueqin, Li, y Xing Wen. "New light on the Early-Han code: a reappraisal of the Zhangjiashan bamboo-slip legal texts". *Asia Major* (2001): 125-146.

investigación interna (normalmente encargado de vigilar a las élites y espiar a los funcionarios). A nivel local, esta división se mantuvo más o menos, de modo que había autoridades militares y civiles de condado como ramas separadas. Un cargo muy importante era el de magistrado de condado, que era, en esencia, el representante civil del gobierno central. Los magistrados de condado tenían una mezcla muy importante de poderes. En primer lugar, eran responsables de la recaudación de impuestos, aunque no los cobraban personalmente. Además, tenían poderes ejecutivos y judiciales, es decir, se encargaban de las detenciones, pero también de juzgar y sentenciar a los delincuentes. También se encargaban del mantenimiento de las infraestructuras, concretamente del mantenimiento de las vías fluviales.

Los magistrados de condado eran jueces supremos en sus respectivos condados, por lo que también resolvían disputas civiles entre particulares y se encargaban de aplicar la agenda del gobierno central cuando se trataba, por ejemplo, de planificación agrícola. Por si fuera poco, se encargaban del censo, lo que significa que evaluaban el tamaño de la población de su condado, las posesiones totales de la gente, etc.

Los magistrados de condado no podían ejercer en sus condados de origen, lo que debía de ser una forma del gobierno central de reducir la corrupción y el nepotismo. Además, su salario era pagado por el gobierno central y se basaba en su rendimiento laboral. Los magistrados de condado eran supervisados de cerca y tenían que enviar informes periódicos sobre el estado de las cosas en su condado al gobierno central.

Volvió el confucianismo

Además de esta cuidadosa planificación de la administración estatal, hay otra razón por la que la dinastía Han funcionó con eficacia y eficiencia: El confucianismo. Quizá recuerde que el confucianismo era considerado el enemigo más acérrimo de los Qin. Podemos argumentar que su incapacidad para comprender la importancia del confucianismo es una de las razones de la caída de la dinastía Qin. Los Han no repitieron este error. Sin embargo, si solo hubiera dependido de Liu Bang, el confucianismo podría haber permanecido en la clandestinidad. Al principio, Liu Bang sentía un particular desdén por los eruditos confucianos. Se dice que Liu Bang, que era un hombre bastante sencillo y robusto, se encontró una vez con un erudito confuciano. Le quitó la gorra y orinó en ella[85].

Afortunadamente para sus sucesores y para toda China, el emperador Gaozu aprendió a apreciar a los confucianos, aunque no sin los empujones de los funcionarios, conscientes de que los años de guerra debieron de moldear a Liu Bang hasta convertirlo en una persona estricta, sin pelos en la lengua. El siguiente empujón de un funcionario señalaba de forma muy visual la razón por la que el antiguo estilo de administración de Liu Bang debía adaptarse a las necesidades del imperio: «Puede que hayas ganado el mundo a caballo, pero ¿puedes gobernarlo a caballo?»[86].

Sin embargo, el confucianismo no se convirtió en la «religión» oficial hasta algún tiempo después. No era el único credo ni la única perspectiva filosófica. Como hemos visto, los Han tomaron mucho de los Qin, como su código legal y la esencia de la tradición legalista. Pero a diferencia de los Qin, los Han supieron combinar el legalismo y el confucianismo (y otros puntos de vista), construyendo un gobierno firme y autoritario que no era demasiado severo.

La ética confuciana y el énfasis en las antiguas ceremonias proporcionaron un importante impulso cultural a las élites y funcionarios chinos. Las ceremonias y rituales antiguos pusieron orden en las relaciones entre la familia imperial y las élites, afirmando el lugar del emperador dentro de su propio imperio.

Todos estos y otros avances culturales tuvieron resultados muy palpables. Por ejemplo, Xu Shen, un importante erudito chino que vivió en los siglos I y II de nuestra era, compuso el primer diccionario chino hacia el año 100 de nuestra era[87]. Este diccionario se centra en la etimología gráfica de los caracteres chinos. El diccionario (a menudo conocido como *Shuowen Jiezi*) muestra el desarrollo de la cultura china; reflexionar sobre la lengua que la gente usa a diario no es una pequeña proeza intelectual.

Ya se ha mencionado a Sima Qian; este intelectual fue decisivo en el desarrollo de la historiografía china. Su tratamiento objetivo de acontecimientos históricos increíblemente complejos a lo largo de siglos

---

[85] Hardy, Grant, y Anne Behnke Kinney. *The establishment of the Han empire and imperial China.* Greenwood Publishing Group, 2005.

[86] Ibíd.

[87] Bottéro, Françoise, y Christoph Harbsmeier. "The Shuowen Jiezi Dictionary and the Human Sciences in China". *Asia Major* (2008): 249-271.

sigue siendo un brillante ejemplo de cómo los historiógrafos deben pensar sobre épocas pasadas. Sima Qian fue considerado por los cronistas posteriores como un «verdadero» historiador y el padre de la historiografía china. Es cierto que el padre de Sima Qian también fue un venerado cronista y que los escritos de Sima Qian llevan marcas de su época. Sima Qian, muy de acuerdo con los revividos valores confucianos, consideraba que su objetivo último era promover la causa a la que su padre había dedicado su vida. El rigor intelectual y la objetividad, por un lado, y la piedad filial y el sentido del deber, por otro, son las dos dimensiones principales de la obra de Sima Qian.

Sima Qian siguió los verdaderos métodos de la historiografía. Reunía pruebas cuando podía, y cuando tenía dudas, no tenía reparos en indicarlo. Para su pasaje sobre Confucio, se basó en gran medida en sus visitas personales al lugar de nacimiento de Confucio. También buscó a personas que tuvieran conocimiento de hechos pasados, recopilando diferentes historias y tratando de llegar a las descripciones más lógicas de los acontecimientos. Pero también está el trasfondo emocional: La inusual posición de Sima Tan (padre de Sima Qian) como intelectual/astrónomo/astrólogo en la corte del emperador Wu. Sima Tan no era muy bien tratado por el emperador Wu, que parecía haber arrojado a Sima Tan en el mismo cesto que a los músicos y bufones. Sima Qian debió de sentirse profundamente conmocionado por esta falta de respeto hacia su padre y trató de obtener el respeto que creía que su familia merecía.

Aquí debemos recordar la importancia de la piedad filial en la China Han. Un *dictum* confuciano muy importante era que «un hijo no considera que tiene su propio yo»[88]. Este *dictum* es importante para explicar la motivación de Sima Qian para escribir sus libros. Y en una escala mucho más amplia, nos muestra la versión confuciana del orden y la paz, donde todos y todo tiene su propio lugar y propósito. En cierto modo, este rasgo de la cultura china permaneció y ha servido como punto principal para la creación de nuestra distinción moderna entre culturas colectivistas e individualistas.

El desarrollo cultural de la China Han sirvió de base para importantes avances tecnológicos y científicos. El papel se inventó en China a principios del siglo II de nuestra era[89]. A menudo se atribuye la

---

[88] Nylan, Michael. "Sima Qian: A True Historian?", pág. 206.

[89] Cartwright, Mark. "Paper in Ancient China". *World History Encyclopedia*, 2017.

invención a Cai Lun, que era el jefe de los talleres del gobierno en la capital oriental de Han, Luoyang. Este invento supuso un gran avance, ya que los chinos utilizaban principalmente tablillas de bambú o seda en lugar de papel, siendo el primero engorroso y el segundo excesivamente costoso. A partir del siglo II de nuestra era, los chinos empezaron a utilizar el cáñamo para producir papel relativamente barato. El cáñamo era fácil de conseguir, barato y relativamente fácil de convertir en trozos de papel listos para escribir. Obviamente, los chinos siguieron experimentando con el papel y utilizaron muchas plantas diferentes.

Junto con los avances educativos, debidos principalmente al auge del confucianismo y la apertura de escuelas oficiales, sobre todo la Universidad Imperial (Taixue), la invención del papel impulsó la cultura china hacia una nueva era. Era más fácil que nunca obtener una buena educación (huelga decir que la inmensa mayoría de la población seguía siendo analfabeta e inculta). También era más fácil que nunca conseguir libros y practicar la escritura, que hasta la invención del papel había sido muy costosa y, por tanto, solo estaba al alcance de unos pocos. La educación de las mujeres también progresó durante la dinastía Han, aunque, por supuesto, las lecciones más importantes que se enseñaban a las mujeres en esta época eran sus modales y su papel en la familia[90]. El siguiente extracto de una correspondencia entre un erudito confuciano y un funcionario del gobierno llamado Gongsun Hong y el emperador Wu muestra el valor de la educación y los planes para expandirla aún más a principios del periodo Han:

> «Para llenar los cargos de eruditos sugerimos que se seleccionen cincuenta estudiantes más y se los declare exentos de los servicios laborales habituales. Se encargará al maestro de rituales la selección de estudiantes entre los hombres del pueblo que tengan dieciocho años o más y que sean de buen carácter y comportamiento recto con el fin de suministrar candidatos para la cuota de estudiantes de los eruditos»[91].

---

[90] Zhijie, Huo. "The significance of female education during the Han Dynasty". *Вестник Бурятского государственного университета. Гуманитарные исследования Внутренней Азии* 4 (2016): 54-59.

[91] Van Ess, Hans. "Emperor Wu of the Han and the First August Emperor of Qin in Sima Qian's Shiji". *Birth of an Empire* 5 (2013): 239.

El ejército Han

Los periodos de relativa paz y estabilidad permitieron el desarrollo de vastos proyectos e iniciativas públicas. La conscripción durante la dinastía Han era bastante eficiente y servía a tres propósitos principales: hombres que servían en la capital, hombres que defendían las fronteras del imperio y hombres que servían en sus lugares de nacimiento. La conscripción era universal y todos los hombres debían servir en la capital, defender las fronteras y mantener la ley y el orden en sus propias regiones. El servicio militar comenzaba alrededor de los veinte años[92]. Se tomaba en serio y era universal en el verdadero sentido de la palabra: ¡algunos altos funcionarios no dudaban en enviar a sus hijos a servir en el ejército!

En un momento dado, había dos grandes ejércitos, con setenta mil soldados combinados, estacionados en la capital. Uno de ellos, el Ejército Sur, se encargaba de defender el palacio imperial; el Ejército Norte, la capital. Servir en la capital no era tan malo, ya que el gobierno cubría todos los gastos, como el viaje de ida y vuelta a la capital, así como la comida y bebida, durante la duración del servicio de un hombre en la capital, que era de alrededor de un año.

El servicio en la frontera era algo diferente. La dinastía Qin heredó el servicio fronterizo de tres días de los pequeños estados feudales que unió (por la fuerza). Antes de la unificación, el servicio fronterizo de tres días funcionaba bien, ya que los estados eran bastante pequeños y no se tardaba demasiado en llegar a la frontera desde cualquier punto del estado. Los Qin simplemente adoptaron este sistema, sin tener en cuenta el hecho de que dirigían un estado mucho más grande. El gobierno Qin seguía exigiendo el servicio fronterizo de tres días a pesar de enviar hombres de un extremo a otro del imperio. Es posible que la frustración por este servicio fuera una de las razones de la rápida caída de los Qin.

Los Han eran más listos y disponían de una administración lo bastante grande como para ocuparse del asunto del servicio fronterizo. Formalmente, el servicio solo duraba tres días, pero existía la posibilidad de pagar para no servir en la frontera. Así, el gobierno reunió dinero suficiente para financiar estancias más largas en la frontera para los soldados que estuvieran dispuestos a hacerlo.

---

[92] Ch'ien, Mu. *Merits and Demerits of Political Systems in Dynastic China.* Springer Berlin Heidelberg, 2019.

Comercio y contacto con pueblos lejanos

El aumento de la seguridad hizo posible que el comercio floreciera aún más. Y no solo floreció el comercio interior; los chinos empezaron a establecer contactos estables con culturas euroasiáticas. Zhang Qian, diplomático y explorador del emperador Wu (r. 141-87 a. e. c.), fue uno de los primeros chinos en explorar Asia central y encontrar nuevas oportunidades para el comercio y las relaciones diplomáticas. Sus viajes a Asia central también situaron a la actual provincia de Sinkiang bajo la esfera de influencia china. La Ruta de la Seda empezó a funcionar gracias a las exploraciones de Zhang Qian, y el concepto de puente entre China y el resto del mundo sigue vivo hoy en día bajo la forma de la moderna Iniciativa de la Franja y la Ruta.

Gracias al Imperio parto, la seda china empezó a llegar a los estados europeos, y la seda pronto se convirtió en un símbolo de estatus entre griegos y romanos. Hay que tener en cuenta que todavía había muy poco contacto directo entre europeos y chinos. Las mercancías circulaban muy, muy lentamente por la Ruta de la Seda, y la perspectiva de que llegaran a su destino era, en el mejor de los casos, precaria. Pero a todos los efectos, China empezó a abrirse al mundo. En el ejemplo de Zhang Qian, podemos ver que se trataba de un movimiento calculado desde lo más alto, no algo fortuito o transitorio.

Capítulo 19: La caída de la dinastía Han

Como ocurre con cualquier dinastía, la dinastía Han tuvo que dejar de existir en algún momento. Esto ocurrió hacia el 220 e. c., pero las razones de la caída de los Han se remontan mucho más atrás. En las obras de Xu Gan, un importante confuciano que vivió en los últimos años de la dinastía Han oriental, encontramos duras críticas a la falta de meritocracia, un requisito crucial del éxito anterior de los Han[93]. A la vez que alababa la virtud, Xu Gan señalaba que las épocas difieren y, en ciertos periodos, incluso los hombres más virtuosos no recibían los elogios que merecían. Es probable que Xu Gan pensara así, ya que vivió en una época en la que la insidia de la corte, la corrupción y la lucha constante por la influencia alcanzaron su punto álgido.

Consciente de las raíces de los Turbantes Amarillos y otros rebeldes, Xu Gan vio las cosas buenas que surgieron del movimiento legalista, que fue capaz de aportar al menos una estabilidad transitoria a los estados chinos que habían sido asolados por siglos de guerra durante el periodo de los Estados combatientes.

Como suele ocurrir cuando hay numerosas luchas clandestinas por el poder y la influencia, los emperadores recurrieron a personas que aparentemente no pertenecían a ningún partido o clan, como sirvientes,

---

[93] McLeod, Alexus. "Philosophy in Eastern Han Dynasty China (25–220 CE)". *Philosophy Compass* 10, nro. 6 (2015): 355-368.

eunucos, esclavos, etc. Uno de los últimos emperadores chinos Han, Ling-ti, dependía en gran medida de sus eunucos a la hora de gobernar su imperio. Esto provocó el descontento de las élites y, como ocurría tan a menudo en la China antigua (y no tan antigua), se produjo una revuelta en las provincias al surgir individuos poderosos que querían aprovecharse de la débil administración central.

Una conclusión muy lógica de todo esto fue la llamada «rebelión de los Turbantes Amarillos», motivada por la debilidad del gobierno, los desastres agrarios naturales y las epidemias. El movimiento tenía un fuerte trasfondo religioso taoísta y estaba liderado por tres hermanos. El amarillo tenía un significado especial en el taoísmo, ya que significaba un nuevo comienzo. El movimiento predicaba el fin de los Han y la llegada de una nueva era, la era del «cielo amarillo». Los soldados liderados por los hermanos Chang llevaban «turbantes» o pañuelos amarillos enrollados en la cabeza como forma de distinguirse de otros grupos, de ahí el nombre de toda la rebelión.

Los Turbantes Amarillos pronto se hicieron con una gran parte del imperio, hasta dos tercios. Los hermanos no solo se dedicaban a la religión. También se dedicaban a la medicina. En el campo, asolado por el hambre, las inundaciones y las epidemias, sus conocimientos fueron muy útiles y les permitieron establecer una buena relación con los campesinos. Para demostrar lo mal que se estaba durante este periodo, veamos una balada popular que debió estar en boca de todos los campesinos de la época:

«Gran caos en el imperio,

Los mercados estaban desolados.

Las madres no podían proteger a los niños,

Las esposas perdieron a sus maridos»[94].

Por otro lado, en el palacio imperial, al emperador no le preocupaba la creciente influencia de los hermanos Chang, que rápidamente acumularon unos 360.000 seguidores en la década de 180 de la era cristiana. También es cierto que la influencia de los hermanos Chang llegó al palacio imperial, y algunos eunucos corruptos empezaron, en cierto modo, a presionar a favor de los Turbantes Amarillos.

---

[94] Levy, Howard S. "Yellow Turban religion and rebellion at the end of Han". *Journal of the American Oriental Society* 76, nro. 4 (1956): 214-227.

Los disturbios fueron sofocados por el gobierno central hacia el año 185 de la era cristiana. Pero China se encontraba ya en una situación muy precaria, con la aparición de poderosos señores de la guerra cada vez más sedientos de poder. El último emperador Han, Xian, dependía en gran medida de uno de estos señores de la guerra, Cao Cao, que también era canciller del imperio. Al principio, Cao Cao ayudó a la dinastía Han a mantenerse en el poder, luchando contra los Turbantes Amarillos y otros contendientes. Sin embargo, el estatus de emperador era ya meramente simbólico, y el poder real estaba en manos de señores de la guerra como Cao Cao u otros que lograban hacerse con una parte del Imperio chino.

Cao Cao, como tantos otros antes que él, posiblemente intentó unificar China una vez más, pero la decisiva derrota en la batalla de los Acantilados Rojos restringió su esfera de influencia[95]. El periodo de los Tres Reinos empezó a surgir tras la caída de los Han orientales, los Wei de Cao Cao, así como los Shu-Han y los Wu, todos dirigidos por poderosos señores de la guerra. No importó que Cao Pi, hijo de Cao Cao, fuera declarado emperador en 220 e. c., el mismo año en que Cao Cao murió. La gran dinastía Han dejó de existir, al igual que el Estado chino unificado.

Hay muchas razones que explican el ascenso y la caída de los Han orientales. Parece que los primeros Han orientales fueron capaces de mantener un firme control sobre el país, permitiendo el desarrollo del pueblo chino. Pero a medida que pasaban los años y el recuerdo de la caída de los Han occidentales se hacía más tenue, los Han orientales se fueron divorciando cada vez más de lo que ocurría en su imperio, preocupándose más por los placeres carnales y su propia vanidad. Al olvidar la gran lección de los Han occidentales, estaban condenados a convertirse en otra lección para la siguiente dinastía.

Durante los siguientes sesenta años, hasta el 280 e. c., China se dividiría en tres esferas de influencia hasta que volvió a unificarse, esta vez bajo la dinastía Jin. Esto marcó el final de la antigua China y nos lleva al final de nuestro viaje. Sin embargo, este es el comienzo de otra historia, la historia de la China medieval.

El periodo de los Tres Reinos y el que le precedió directamente son recordados por el pueblo chino como bastante turbulentos. Se abolieron

---

[95] De Crespigny, Rafe. "Man from the Margin: Cao Cao and the Three Kingdoms". (1990).

las viejas jerarquías de poder y se abrió una ventana para aquellos que tuvieron el ingenio y el valor de aprovechar la oportunidad que se les presentaba una vez en la vida. Cao Cao fue uno de esos caballeros, aunque no vivió para ver el periodo de los Tres Reinos en su plenitud. El propio Cao Cao expresó las alegrías de este impredecible pero excitante periodo y estilo de vida en el siguiente pasaje:

«El veloz corcel en la vejez puede descansar en su establo,

Pero aún piensa en un viaje de mil li;

Cuando un héroe llega al final de sus días,

El corazón fuerte sigue siendo el mismo.

El tiempo de nuestra vida y de nuestra muerte

Es más que el capricho del Cielo;

Si un hombre está en armonía consigo mismo

Puede vivir largos años»[96].

[96] Ibíd.

Conclusión

Cao Cao escribió una vez: «El tiempo de nuestra vida y muerte es más que el capricho del Cielo». Esto es cierto no solo para la vida humana, sino también para la vida de las naciones, los imperios y los estados. La historia (y la prehistoria) de China es algo más que un conjunto de circunstancias fortuitas. En realidad, es un tejido sumamente intrincado de la trama del tiempo. Numerosos hilos componen el lienzo de la historia china, y a veces se entrecruzan y entremezclan de forma impredecible y casi incoherente.

A veces, los hilos toman sus propios caminos, y lo que surge no es una imagen unificada, sino un conjunto de imágenes más pequeñas cuya complejidad a veces perdemos debido a la enorme distancia de los acontecimientos y a su tamaño microscópico. Pero hay una tendencia en la historia china, una tendencia a la reunificación (o, a la inversa, a la reseparación), en la que hilos separados se unen y vuelven a entrelazarse para formar una imagen mucho más grande y a menudo más gloriosa.

Desde los primeros testimonios de las culturas chinas, podemos ver el conflicto entre estas dos tendencias de unificación y separación. Aún hoy están en juego, y nadie de los implicados, probablemente ni siquiera los principales actores, sabe hacia dónde se desplazará el peso de la historia.

Sin embargo, una cosa es segura: China seguirá siendo una potencia mundial muy importante, algo que este país debe sin duda a miles y miles de años de desarrollo continuo. Desde los primeros tiempos de la agricultura, que es donde empezamos este libro, los chinos han anunciado mejoras tecnológicas que muy pronto la convirtieron en uno de los «países» más poblados del mundo (ponemos «países» entre comillas porque el concepto de país tal y como lo conocemos hoy en día es un desarrollo bastante reciente y con toda seguridad no existía en los primeros tiempos de la agricultura). El pueblo chino optimizó rápidamente la producción de cereales (no solo de arroz), lo que hizo que el pueblo dispusiera de más alimentos. Una vez aprendidas las bases de una agricultura eficaz, el pueblo chino, de forma muy similar a los egipcios y los mesopotámicos, dominó la planificación del paisaje, desplazando los cauces de ríos enteros, drenando zonas importantes para la producción agrícola y controlando el inmenso poder de los ríos.

Los inicios de la cultura china están envueltos en esta bruma de constantes batallas contra el poder del agua y las inevitables inundaciones. Los hebreos no son los únicos con una historia de una gran inundación que llegó y barrió la tierra. Los chinos tienen su propia versión, y los pueblos que vivieron en el punto de inflexión entre la prehistoria y la historia tuvieron que luchar contra su entorno mucho más que nosotros hoy en día. Nadie sabe cuántas culturas chinas fueron barridas por inundaciones torrenciales, pero según algo que todavía está más cerca de la leyenda que del hecho histórico, Yu el Grande, el fundador de la legendaria dinastía Xia, detuvo las inundaciones y sentó las bases para el desarrollo de todas las dinastías posteriores.

Desgraciadamente, con los Xia aún estamos en la prehistoria, ya que el sistema de escritura chino tardó un poco más en desarrollarse. Los Shang siguen siendo la dinastía china más antigua de la que se tiene constancia. Gracias a su dominio de la escritura y a las abundantes pruebas que dejaron en forma de huesos de oráculo e inscripciones en vasijas de bronce, hemos aprendido mucho sobre los Shang y su modo de vida en el segundo milenio antes de Cristo.

Hay una verdad profunda relacionada con los Shang y su sistema de escritura, que se perfeccionó y propagó en los milenios siguientes, dando lugar a los caracteres chinos actuales. La escritura primitiva en China estaba inextricablemente ligada al mundo ritual. Sin duda, existía un incentivo práctico para desarrollar el sistema de escritura. Con el desarrollo de la agricultura, el comercio y la artesanía, la gente empezó a acumular bienes. Se establecieron contratos para intercambiar bienes, lo que se facilitó con la ayuda de la escritura. Pero igualmente importante, si no más, fue el incentivo ritual, la implementación de la escritura en un sistema cuidadosamente construido de rituales y creencias. Esta es una prueba importante de la interconexión entre lo racional y lo irracional. Al igual que los pensamientos no existirían sin las emociones, los sistemas de escritura racionales y lógicos no existirían sin el mundo de los rituales místicos. Gracias a los descubrimientos relacionados con los Shang, esta profunda verdad brilla aún más.

Los caracteres chinos pronto traspasaron las fronteras de China, tanto si se miraba hacia el este (Japón, Corea), el sur (Indochina), el norte (Mongolia) o el oeste (Sinkiang, Tíbet), ayudando a la transmisión de ideas y datos, y anunciando el desarrollo cultural de sociedades enteras. Pero los Shang no se limitaron a legar un sistema de escritura a sus sucesores. También dejaron objetos de bronce bellamente elaborados, y su artesanía de producción y procesamiento de metales fue adoptada por las culturas circundantes, incluidos los Zhou, que la llevaron a otro nivel.

Aprendiendo a producir y procesar diversos metales (especialmente durante la dinastía Zhou, cuando dominaron la producción de hierro), los chinos se lanzaron a la avanzada Edad de los Metales, que se vio enriquecida con la invención de su propio sistema de escritura durante la dinastía Shang. Los Zhou eran fuertes guerreros con armas eficaces, y establecieron una especie de sistema feudal con sus vecinos sometidos, concediendo una relativa autonomía a regiones bastante alejadas de sus centros de poder, pero que seguían ejerciendo una fuerte influencia cultural. Esta interacción entre el centro y la periferia sigue existiendo en China hasta nuestros días. El tamaño de China y su población (numerosa incluso durante la dinastía Zhou) hacían imposible la administración directa. Los Zhou establecieron un sistema que funcionó durante siglos, pero el precario equilibrio acabó perdiéndose porque sus vecinos se hicieron más fuertes y exigieron más autonomía. Finalmente, exigieron ser los siguientes líderes.

Se produjo uno de los primeros conflictos a gran escala conocidos en China, el periodo de los Estados combatientes. Las batallas fueron feroces, largas y agotadoras, y China se sumió en siglos de conflictos por la supremacía. Finalmente, una nueva dinastía salió victoriosa: los Qin. A esta dinastía se le atribuye la construcción del primer Imperio chino. Como hemos visto, hubo otras dinastías chinas anteriores, pero la mayoría de los historiadores no las llaman «imperios». Esto se debe a que los Qin fueron los primeros en abordar sistemáticamente la cuestión de la administración directa de vastos subestados/provincias chinas. Su solución, la autocracia, era a menudo injusta y despiadada, por lo que los

Qin no duraron mucho.

Sin embargo, de forma similar a lo que los romanos estaban haciendo (a grandes rasgos) contemporáneamente en Europa, los Qin sentaron rápidamente las bases —legales, administrativas e ideológicas— de un imperio eficiente[97]. El péndulo histórico se encontraba ahora en el otro extremo de su previsible trayectoria. Los Qin estaban decididos a aplastar toda rebelión y a unificar de una vez por todas China bajo un gobernante fuerte. Pero cuando este gobernante fuerte, el primer emperador chino (Qin Shi Huangdi), murió, se inició un nuevo conflicto, a medida que el péndulo histórico se desplazaba de nuevo a un periodo de fragmentación. El pueblo simplemente no quería tolerar un gobierno tiránico, y parecía que China iba a entrar en otro periodo de los Estados combatientes.

Afortunadamente para el pueblo chino, esta vez, el vencedor final y nuevo emperador, Liu Bang, supo sentar las bases de un imperio que perdurara. Fundó la famosa dinastía Han, la primera en construir un Imperio chino fuerte, estable y próspero.

La dinastía Han heredó los fundamentos de la Qin y añadió un ingrediente especial, el confucianismo, uno de los «productos filosóficos» más importantes de China, cuya influencia aún se deja sentir hoy en la política china moderna. El confucianismo es una filosofía del orden social, la armonía y la virtud. Confucio también era aficionado a las costumbres, tradiciones y rituales antiguos, que fueron cuidadosamente preservados por los confucianos posteriores. Otro pensamiento importante era el altruismo, el amor supremo a los semejantes.

El confucianismo surgió mucho antes, durante el periodo de Primavera y Otoño, que precedió al periodo de los Estados combatientes. En tiempos de la dinastía Qin, el confucianismo se había extendido por todos los estados chinos, pero los Qin decidieron que esta nueva filosofía era demasiado peligrosa para el nuevo y precario Imperio chino. Al igual que el régimen de Mao Zedong perseguía a los intelectuales y desconfiaba del librepensamiento, los Qin decidieron aplastar la escuela de pensamiento confuciana, aceptando la filosofía legalista, mucho más estrecha de miras, severa y poco empática. En realidad, fue el pensamiento legalista el que sentó las bases del primer

---

[97] Hay que decir que los romanos empezaron realmente a construir su imperio, en el sentido constitucional, a finales del siglo I a. e. c., mientras que los Qin llegaron bastante antes.

Imperio chino, afirmando al emperador como gobernante absoluto y supremo, casi una deidad, y definiendo cuidadosamente uno de los primeros códigos chinos de leyes. El legalismo no es una coincidencia histórica; tras años y años de conflictos brutales, alguien tenía que poner fin a la carnicería, pero para ello, el primer emperador tenía que ser el más brutal de todos.

La sabiduría de Liu Bang y sus sucesores no reside en su rechazo total del legalismo y su aceptación total del confucianismo, sino en su cuidadoso equilibrio entre ambos.

El largo periodo de relativa estabilidad permitió un desarrollo cultural exponencial. La dinastía Han nos proporcionó una forma bastante barata de fabricar grandes cantidades de papel, lo que, combinado con la posterior imprenta europea, ayudaría a extender la educación a millones de personas. Y esto fue solo una contribución de los chinos.

El nivel de organización del imperio Han no tenía parangón con nada anterior, ni siquiera a escala mundial. El gran tamaño de la población china y las vastas tierras suponían un reto casi insuperable para los estadistas Han. Prácticamente todas las aldeas tenían un jefe nombrado por el gobierno central. Era el responsable de aplicar el plan gubernamental a nivel micro. La conscripción era universal, con un complejo sistema de diferentes tipos de servicio. El comercio también empezó a florecer.

Durante la dinastía Han se estableció una conexión estable, conocida como la Ruta de la Seda, entre China y Europa. A la luz del enorme tamaño, costo e influencia de la moderna Iniciativa de la Franja y la Ruta, este primer contacto entre China y Europa y el establecimiento de las rutas comerciales iniciales adquieren aún más importancia. Y el intercambio entre dos grandes esferas culturales, la china y la europea, se tradujo en su día en beneficios mutuos. Hoy, tanto el mundo occidental como los países asiáticos, africanos y latinoamericanos se benefician de su relación con China.

Durante miles y miles de años, China fue uno de los países más fuertes del mundo. Después, enfrentada al inevitable atavismo del sistema imperial, todo el país estuvo a punto de desmoronarse durante el llamado «siglo de la humillación», relacionado con las guerras del Opio y la posterior subyugación de China por las potencias europeas. Fue entonces cuando el péndulo histórico llegó a su extremo, al disolverse China en numerosos países más pequeños dirigidos por señores de la guerra sedientos de poder. Esto no fue un hecho singular. Hemos visto en este libro que la oscilación pendular entre dos extremos —fragmentación y unificación— es más un patrón que una excepción en miles y miles de años de historia china (y quizá incluso en la prehistoria). Y al igual que al periodo de los Estados combatientes le siguió la dinastía Qin y sus tendencias increíblemente severas, al caos de la era de los señores de la guerra que tuvo lugar durante el último periodo del imperio a principios del siglo XX le siguió el régimen autoritario de Mao Zedong.

Y la historia seguirá repitiéndose, seguramente. La cuestión es solo cuándo y cómo.

Vea más libros escritos por Enthralling History

Bibliografía

Chang, Kwang-Chih. "In Search of China's Beginnings: New Light on an Old Civilization: A Golden Age of Archaeology is piecing together a new Chinese prehistory and history that differ in fundamental ways from the traditional story". American Scientist 69, no. 2 (1981): 148-160.

Wang, Qian, and Li Sun. "Eightieth year of Peking Man: Current status of Peking Man and the Zhoukoudian site". Anthropological Review 63 (2000): 19-30.

Pu, Li, Chien Fang, Ma Hsing-Hua, Pu Ching-Yu, Hsing Li-Sheng, and Chu Shih-Chiang. "Preliminary study on the age of Yuanmou man by palaeomagnetic technique". Scientia Sinica 20, no. 5 (1977): 645-664.

Boaz, N., and R. Ciochon. "The scavenging of "Peking Man". Natural History 110, no. 2 (2001): 46-51.

Gao, Xing. "Paleolithic cultures in China: uniqueness and divergence". Current Anthropology 54, no. S8 (2013): S358-S370.

Freud, Sigmund. Moses and monotheism. Leonardo Paolo Lovari, 2016.

Yang, Xiaoyan, Zhikun Ma, Jun Li, Jincheng Yu, Chris Stevens, and Yijie Zhuang. "Comparing subsistence strategies in different landscapes of North China 10,000 years ago". The Holocene 25, no. 12 (2015): 1957-1964.

Jing, Yuan. "The origins and development of animal domestication in China". Chinese Archaeology 8, no. 1 (2008): 1-7.

Bestel, Sheahan, Yingjian Bao, Hua Zhong, Xingcan Chen, and Li Liu. "Wild plant use and multi-cropping at the early Neolithic Zhuzhai site in the middle Yellow River region, China". The Holocene 28, no. 2 (2018): 195-207.

Guoping, Sun. "Recent research on the Hemudu culture and the Tianluoshan site". A companion to Chinese archaeology (2013): 555-573.

Wang, Jiajing, Jiangping Zhu, Dongrong Lei, and Leping Jiang. "New evidence for rice harvesting in the early Neolithic Lower Yangtze River, China". Plos one 17, no. 12 (2022): e0278200.

Zhang, Haiwei, Hai Cheng, Ashish Sinha, Christoph Spötl, Yanjun Cai, Bin Liu, Gayatri Kathayat et al. "Collapse of the Liangzhu and other Neolithic cultures in the lower Yangtze region in response to climate change". Science Advances 7, no. 48 (2021): eabi9275.

Ling, Qin. "The Liangzhu culture". A companion to Chinese archaeology (2013): 574-596.

Runnels, Curtis N., Claire Payne, Noam V. Rifkind, Chantel White, Nicholas P. Wolff, and Steven A. LeBlanc. "Warfare in Neolithic Thessaly: A case study". Hesperia: The Journal of the American School of Classical Studies at Athens 78, no. 2 (2009): 165-194.

Liu, Li, Jiajing Wang, Maureece J. Levin, Nasa Sinnott-Armstrong, Hao Zhao, Yanan Zhao, Jing Shao, Nan Di, and Tian'en Zhang. "The origins of specialized pottery and diverse alcohol fermentation techniques in Early Neolithic China". Proceedings of the National Academy of Sciences 116, no. 26 (2019): 12767-12774.

Thorp, Robert L. "Erlitou and the search for the Xia". Early China 16 (1991): 1-38.

Bunker, Emma C. "The Beginning of Metallurgy in Ancient China". Web Archive. Disponible en: https://web.archive.org/web/20070206143502/http://exhibits.denverartmuseum.org/asianart/articles/metalwork/art_li_mat.html

Dono, Tsurumatsu. "ON THE COPPER AGE IN ANCIENT CHINA". Bulletin of the Chemical Society of Japan 7, no. 11 (1932): 347-352.

Chen, Minzhen. "Faithful History or Unreliable History: Three Debates on the Historicity of the Xia Dynasty". Journal of Chinese Humanities 5, no. 1 (2019): 78-104.

Allan, Sarah. "The myth of the Xia Dynasty". Journal of the Royal Asiatic Society 116, no. 2 (1984): 242-256.

Mark, Joshua J. "Ancient China". Ancient History Encyclopedia (2012).

Allan, Sarah. ""When Red Pigeons Gathered on Tang's House": A Warring States Period Tale of Shamanic Possession and Building Construction set at the turn of the Xia and Shang Dynasties". Journal of the Royal Asiatic Society 25, no. 3 (2015): 419-438.

Hou, Liangliang, Yaowu Hu, Xinping Zhao, Suting Li, Dong Wei, Yanfeng Hou, Baohua Hu et al. "Human subsistence strategy at Liuzhuang site, Henan, China during the proto-Shang culture (~ 2000–1600 BC) by stable isotopic analysis". Journal of Archaeological Science 40, no. 5 (2013): 2344-2351.

Guangkuo, Yuan. "The discovery and study of the Early Shang culture". A companion to Chinese archaeology (2013): 323-342.

Shelach, Gideon. "The Qiang and the question of human sacrifice in the late Shang period". Asian Perspectives (1996): 1-26.

Keightley, David N. "Shang divination and metaphysics". Philosophy East and West 38, no. 4 (1988): 367-397.

Qian, Sima. "Records of the Grand Historian of China". Disponible en: https://archive.org/stream/in.ernet.dli.2015.532974/2015.532974.records-of_djvu.txt

LI, Xiaobing (ed.). "China at War: An Encyclopedia". ABC-CLIO, 2012.

Boltz, William G. "Early Chinese writing". World Archaeology 17, no. 3 (1986): 420-436.

Huang, Chun Chang, Shichao Zhao, Jiangli Pang, Qunying Zhou, Shue Chen, Pinghua Li, Longjiang Mao, and Min Ding. "Climatic aridity and the relocations of the Zhou culture in the southern Loess Plateau of China". Climatic Change 61 (2003): 361-378.

Rawson, Jessica. "Ordering the exotic: ritual practices in the late western and early eastern Zhou". Artibus Asiae 73, no. 1 (2013): 5-76.

Khayutina, Maria. "Western Zhou cultural and historic setting". The Oxford Handbook of Early China (2020): 365.

Childs-Johnson, Elizabeth, ed. The Oxford Handbook of Early China. Oxford University Press, USA, 2020.

Wagner, Donald B. "The earliest use of iron in China". BAR International Series 792 (1999): 1-9.

Cartwright, Mark. Crossbows in Ancient Chinese Warfare. World History Encyclopedia.

Shaughnessy, Edward L. Sources of Western Zhou history: inscribed bronze vessels. Univ of California Press, 1992.

Tu, Wei-Ming. "Confucius and Confucianism". Confucianism and the Family: A Study of Indo-Tibetan Scholasticism (1998): 3-36.

Strickmann, Michel. "History, anthropology, and Chinese religion". (1980): 201-248.

Hsiao, Kung-chuan. "Legalism and autocracy in traditional China". Chinese Studies in History 10, no. 1-2 (1976): 125-143.

Tzu, Sun. The Art of War. Disponible en: https://sites.ualberta.ca/~enoch/Readings/The_Art_Of_War.pdf

Cartwright, Mark. Warring States Period. World History. Disponible en: https://www.worldhistory.org/Warring_States_Period/

Fiskesjö, Magnus. "Terra-cotta conquest: The first emperor's clay army's blockbuster tour of the world". Verge: Studies in Global Asias 1, no. 1 (2015): 162-183.

Britannica. Meng Tian. Disponible en: https://www.britannica.com/biography/Meng-Tian

Kulmar, Tarmo. "On the nature of the governing system of the Qin Empire in ancient China". Folklore: Electronic Journal of Folklore 59 (2014): 165-178.

Guo, Yanzi. "Contingency and Historical Inevitability in the Development of the Qin Dynasty". Journal of Education, Humanities and Social Sciences 8 (2023): 1367-1372.

Zhou, Minhwa, and Meihwa Zhou. "Wisdom and Strategy— An Example for Zhang Liang and Liu Bang". In 7th International Conference on Humanities and Social Science Research (ICHSSR 2021), pp. 941-943. Atlantis Press, 2021.

Chen, Pauline. "History Lessons". New York Times, 1993.

Hardy, Grant, and Anne Behnke Kinney. The establishment of the Han empire and imperial China. Greenwood Publishing Group, 2005.

Cullen, Christopher. "Motivations for scientific change in ancient China: Emperor Wu and the Grand Inception astronomical reforms of 104 BC". Journal for the History of Astronomy 24, no. 3 (1993): 185-203.

Dreyer, Edward L. "Zhao Chongguo: A Professional Soldier of China's Former Han Dynasty". The Journal of Military History 72, no. 3 (2008): 665-725.

Gao, Jiyi. "Emperor Xuan, Emperor Zhang and the Rise and Decline of Zhangju in the Han Dynasty". Hanxue Yanjiu (Chinese Studies) 25, no. 1 (2007).

Xiong, Victor Cunrui, and Kenneth James Hammond, eds. Routledge Handbook of Imperial Chinese History. Routledge, 2019. p. 25-38.

L'Haridon, Béatrice. "WANG MANG 王莽 (c. 45 BCE–23 CE) AND CLASSICAL LEARNING AS PATH TO SUPREME POWER". Early China 45 (2022): 51-72.

Dubs, Homer H. "The victory of Han Confucianism". Journal of the American Oriental Society 58, no. 3 (1938): 435-449.

Xueqin, Li, and Xing Wen. "New light on the Early-Han code: a reappraisal of the Zhangjiashan bamboo-slip legal texts". Asia Major (2001): 125-146.

Hardy, Grant, and Anne Behnke Kinney. The establishment of the Han empire and imperial China. Greenwood Publishing Group, 2005.

Bottéro, Françoise, and Christoph Harbsmeier. "The Shuowen Jiezi Dictionary and the Human Sciences in China". Asia Major (2008): 249-271.

Nylan, Michael. "Sima Qian: A True Historian?". Early China 23 (1998): 203-246.

Cartwright, Mark. Paper in ancient China. World history encyclopedia, 2017.

Zhijie, Huo. "The significance of female education during the Han Dynasty". Вестник Бурятского государственного университета. Гуманитарные исследования Внутренней Азии 4 (2016): 54-59.

Van Ess, Hans. "Emperor Wu of the Han and the First August Emperor of Qin in Sima Qian's Shiji". Birth of an Empire 5 (2013): 239.

Ch'ien, Mu. Merits and Demerits of Political Systems in Dynastic China. Springer Berlin Heidelberg, 2019.

Juping, Yang. "The Relations between China and India and the Opening of the Southern Silk Road during the Han Dynasty". The Silk Road 11 (2013): 82-92.

McLeod, Alexus. "Philosophy in Eastern Han Dynasty China (25–220 CE)". Philosophy Compass 10, no. 6 (2015): 355-368.

Levy, Howard S. "Yellow Turban religion and rebellion at the end of Han". Journal of the American Oriental Society 76, no. 4 (1956): 214-227.

De Crespigny, Rafe. "Man from the Margin: Cao Cao and the Three Kingdoms" (1990).

www.ingramcontent.com/pod-product-compliance
Lightning Source LLC
LaVergne TN
LVHW051745080426
835511LV00018B/3226